DELIUS

Ralph Waldo Trine

IN HARMONIE MIT DEM UNENDLICHEN

Ein spirituelles Lebensbuch

Aus dem Amerikanischen von Max Christlieb

DELIUS

Die Originalausgabe *In tune with the infinite* erschien 1897 in den USA, die deutsche Erstveröffentlichung 1904 im Engelhorn Verlag, Stuttgart.
Die Übersetzung wurde für diese Ausgabe modernisiert.

1. Auflage November 2007

Druck und Bindung: CPI Moravia Books s. r. o., Pohorelice

ISBN 978-3-940626-00-4

Inhaltsverzeichnis

1 Vorbemerkung des Verfassers

Ein goldener Faden zieht sich durch alle Religionen der Welt, durch das Leben und die Lehre aller Propheten, Seher, Weisen und Erlöser der Weltgeschichte, durch das Leben aller wahrhaft großen und mächtigen Menschen. Was sie getan oder erreicht haben, geschah in vollem Einklang mit bestimmten Gesetzen: Was aber einer vollbracht hat, können alle vollbringen.

Derselbe goldene Faden muss in das Leben aller Menschen eingewoben werden, die heute in dieser geschäftigen Alltagswelt aus Ohnmacht zu Macht, aus Schwäche und Leiden zu überströmender Kraft und Gesundheit, aus Schmerz und Unrast zu vollem Frieden, aus äußerster Armut zur Fülle und zum Überfluss gelangen wollen.

Jeder baut sich seine Welt selbst. Wir bauen von innen heraus und ziehen zugleich von außen her an. Die Kraft, mit der wir bauen, ist der Gedanke – denn Gedanken sind Kräfte. Gleiches wird von Gleichem aufgebaut und angezogen. Je mehr der Gedanke vergeistigt wird, desto feiner und machtvoller sind seine Wirkungen. Diese Vergeistigung geschieht ganz gesetzmäßig, und jeder ist dazu imstande.

Alles wird erst in der unsichtbaren Welt ausgearbeitet, ehe es in der sichtbaren in Erscheinung tritt, es lebt erst in der idealen Welt, ehe es in der realen verwirklicht wird, es existiert erst in der geistigen Welt, ehe es in der materiellen auftritt. Das Gebiet des Unsichtbaren ist das Reich der Ursachen, das Gebiet des Sichtbaren ist das Reich der Wirkungen. Die Art der Wirkung ist immer bestimmt und bedingt durch die Art der Ursache.

Die Absicht des Verfassers ist nun folgende: Er will die großen Wahrheiten, die mit den Wirkungen dieser inneren geistigen gedanklichen Kräfte zusammenhängen, und die großen Gesetze, die ihnen zugrunde liegen, einfach und deutlich darlegen. Jedes Kind soll sie verstehen können; jeder soll imstande sein, sie zu erfassen und im Alltagsleben anzuwenden, um dieses in allen seinen Einzelheiten nach dem eigenen Willen zu formen und zu gestalten. Dass das Leben so gestaltet werden kann, ist nach seiner Überzeugung keine bloße Spekulation oder Theorie, sondern eine Sache wirklichen positiven Wissens.

Eine göttliche Wirkungskette ist durch das ganze Weltall ausgespannt. In, über und unter dem menschlichen Willen wirkt beständig der göttliche Wille. Mit ihm in Harmonie zu kommen und sich dadurch mit allen höheren Gesetzen und Kräften zu verbünden und gemeinsam mit ihnen zu wirken, sodass sie sich ihrerseits mit uns verbünden und zusammenwirken, das heißt in den Zug dieser göttlichen Wirkungskette hineinkommen. Das ist das Geheimnis allen Erfolges: Dadurch gelangt der Mensch in den Besitz unbekannter Schätze und zur Verwirklichung ungeahnter Kräfte.

2 Einführung

In dir selbst liegt die Ursache von allem, was in deinem Leben geschieht. Wenn du zur vollen Erkenntnis deiner inneren Kräfte erwachst, so bist du imstande, dein Leben völlig nach deinem Willen zu gestalten.

Der Optimist hat recht und der Pessimist hat recht. Der eine unterscheidet sich vom andern wie das Licht vom Dunkel, aber beide haben recht, jeder von seinem besonderen Gesichtspunkt aus. Dieser Gesichtspunkt ist für jeden der bestimmende Richtweiser seines Lebens: Er bestimmt, ob es ein Leben voll Macht oder voll Ohnmacht, voll Friede oder voll Schmerz, voll Erfolg oder voll Misserfolg sein wird.

Der Optimist besitzt die Kraft, die Dinge in ihrer Gesamtheit und in den richtigen Verhältnissen zu erblicken, der Pessimist betrachtet sie von einem beschränkten und einseitigen Gesichtspunkt; der Verstand des einen ist erhellt durch Weisheit, der des andern verdunkelt durch Unwissenheit. Jeder baut sich seine Welt von innen heraus auf, aber was bei diesem Aufbauen herauskommt, ist durch den Gesichtspunkt bestimmt, den er einnimmt. Der Optimist schafft sich kraft seiner höheren Weisheit und Einsicht seinen eigenen Himmel, und in dem Grad, in dem er das tut, hilft er dazu noch einen Himmel für die ganze Welt zu schaffen. Der Pessimist schafft sich kraft seiner Beschränkung seine eigene Hölle, und in dem Grad, in dem er das tut, hilft er eine Hölle für die ganze Menschheit schaffen.

Du und ich, wir beide haben entweder die besonderen Eigenschaften des Optimisten oder die des Pessimisten. Darum schaffen wir zu jeder Stunde unsern eigenen Himmel und unsre eigene Hölle, und in dem Grad, indem wir das tun, helfen wir beides auch für die ganze Welt schaffen.

Das Wort Himmel bedeutet Harmonie. Das Wort Hölle stammt von einer Wurzel *hel,* die »mit einer Mauer umgeben« oder »abtrennen« bedeutet; einen »helen« hieß so viel wie »einen von etwas abschließen«. Wenn es nun etwas gibt, das wir Harmonie nennen dürfen, so muss auch etwas vorhanden sein, mit dem man im richtigen Verhältnis stehen kann: Denn mit etwas im richtigen Verhältnis stehen, heißt mit ihm in Harmonie sein. Auf der andern Seite, wenn es etwas gibt, von dem wir sagen können, dass es abgeschlossen oder abgetrennt sei, so muss auch etwas da sein, von dem man abgeschlossen oder abgetrennt ist.

3 Die oberste Wahrheit im Weltall

Die große Grundwahrheit im Weltall ist jener Geist unendlichen Lebens und unendlicher Macht, der hinter allem steht, der alles beseelt, der sich in allem und durch alles bestätigt, jenes selbstseiende Lebensprinzip, aus dem alles hergekommen ist, und aus dem es nicht bloß einmal herkam, sondern fortwährend noch herkommt. Wenn es ein individuelles Leben gibt, so muss notwendig auch eine unendliche Quelle da sein, aus der dieses Leben stammt. Wenn es eine Eigenschaft oder Kraft der Liebe gibt, so muss notwendig auch eine unendliche Quelle da sein, aus der diese Liebe strömt. Wenn es Weisheit gibt, so muss hinter ihr die allweise Quelle sein, aus der sie fließt. Dasselbe gilt vom Frieden, dasselbe von der Macht, dasselbe von all dem, was wir mit dem Namen »materielle Dinge« bezeichnen.

So steht also dieser Geist unendlichen Lebens und unendlicher Macht hinter allem und ist die Quelle von allem. Diese unendliche Macht schafft, wirkt und herrscht durch die Tätigkeit großer unveränderlicher Gesetze und Kräfte; diese Gesetze gehen durch das ganze All und umgeben uns von allen Seiten. Jeder Schritt unsres Alltagslebens wird durch die gleichen großen Gesetze geleitet. Jede Blume, die am Wege blüht, geht auf, blüht und verwelkt nach großen unveränderlichen Gesetzen. Jede Schneeflocke, die zwischen Himmel und Erde fliegt, formt sich, fällt und zerschmilzt nach großen unwandelbaren Gesetzen.

Man kann sagen, es gibt im ganzen Kosmos nichts als Gesetze. Ist dies aber wahr, so muss notwendig eine Kraft hinter dem allen stehen, die diese Gesetze schafft, eine Kraft, die größer ist als die von ihr geschaffenen Gesetze. Diesen Geist unendlichen Lebens und unendlicher Macht, der hinter allem steht, nenne ich das Göttliche oder Gott.

Es ist gleichgültig, welchen Ausdruck du gebrauchst. Gütiges Licht, Vorsehung, Überseele, Allmacht oder was dir am liebsten ist: Es ist gleich, wie der Ausdruck lautet, wenn wir nur in Bezug auf die große Grundwahrheit selbst einig sind.

Gott ist also dieser unendliche Geist, der das ganze All erfüllt, von dem und in dem alle Dinge sind und nichts außer ihm. Es ist wirklich und wahrhaftig so: »In ihm leben und weben und sind wir.« Er ist das Leben unsres Lebens, ja er ist selbst unser Leben. Wir haben unser Leben von ihm empfangen und empfangen es noch fortwährend von ihm. Wir haben teil am Leben Gottes; und obwohl wir uns dadurch von ihm unterscheiden, dass wir endliche Einzelwesen sind, während er der unendliche Geist ist, der uns und alles einschließt, so sind doch das Leben Gottes und das Leben des Menschen ihrem Wesen nach identisch, und beide sind eben eins. Der Unterschied ist kein Unterschied des Wesens oder der Art, sondern bloß ein Unterschied des Grades.

Es hat hoch erleuchtete Geister gegeben und gibt sie immer noch, die glauben, dass wir unser Leben von Gott in der Art eines göttlichen Einströmens erhalten; auf der andern Seite hat es solche gegeben und gibt sie noch immer, die glauben, dass unser Leben mit dem Leben Gottes eins sei, dass also Gott und Mensch eins seien. Wer hat nun recht? Beide, wenn man sie recht versteht.

Was die erste Anschauung angeht, so sage ich: Wenn Gott der unendliche Geist des Lebens ist, der hinter allem steht und von dem alles stammt, dann ist klar, dass das Leben von uns Einzelgeistern fortwährend aus dieser unendlichen Quelle fließt, und zwar durch ein göttliches Einströmen. Im andern Fall, wenn das Leben von uns Einzelgeistern ein Teil dieses unendlichen Lebensgeistes selbst ist, dann muss der Bruchteil des unendlichen Geistes, der sich im Leben eines jeden von uns kundgibt, der Art nach mit jener Quelle eins sein, so gut wie ein Tropfen Wasser aus dem Ozean seiner Natur und seinen Eigenschaften nach mit diesem Ozean, seiner Quelle, eins ist. Und wie könnte es anders sein? Die Möglichkeit eines Missverständnisses im zweiten Fall beruht bloß darauf, dass das Leben Gottes zwar mit dem des

Menschen seinem Wesen nach eins ist, aber eben das Leben des Einzelmenschen so weit überragt, dass es alles, was außer ihm selbst liegt, einschließt. Mit andern Worten: Soweit die Art des Lebens in Betracht kommt, sind beide ihrem Wesen nach dasselbe; soweit aber der Grad des Lebens in Betracht kommt, sind sie ungeheuer verschieden.

Wird nun in diesem Licht nicht klar, dass beide Vorstellungen richtig sind? Und sind nicht sogar beide ein und dasselbe? Beide können durch das nämliche Gleichnis anschaulich gemacht werden.

In einem Tal befindet sich ein Teich, der sein Wasser aus einem unerschöpflichen Sammelbecken im Gebirge erhält. Dann kann man sich so ausdrücken: Der Teich im Tal erhält seinen Inhalt durch das Einströmen des Wassers aus dem höher gelegenen Becken im Gebirge. Man kann es aber auch so sagen: Das Wasser in dem kleineren Becken ist nach seiner Natur, seinem Wesen und seinen Eigenschaften mit dem Wasser im größeren, das ja die Quelle des kleineren bildet, identisch. Der Unterschied ist nur der: Das Sammelbecken im Gebirge übertrifft den Teich im Tal so sehr an Wassermenge, dass es unzählige solcher Teiche füllen kann und doch unerschöpflich bleibt.

So ist es mit dem Leben des Menschen. Wenn auch sonst vielleicht unsre Anschauungen auseinandergehen, so haben wir uns, glaube ich, doch darauf geeinigt, dass dieser unendliche Geist des Lebens, der hinter allem steht, selbst das Wesen von allem ist und dass alles von ihm stammt. Dann muss aber das Leben des Einzelmenschen, dein und mein Leben, durch ein göttliches Einströmen aus dieser unendlichen Quelle herkommen. Ist das richtig, dann ist das Leben, das durch dieses göttliche Einströmen in den Menschen kommt, seinem Wesen nach notwendig dasselbe wie der unendliche Geist des Lebens selbst. Wohl bleibt ein Unterschied, aber es ist kein Unterschied des Wesens, sondern nur ein Unterschied des Grades.

Falls das richtig ist, folgt dann nicht daraus, dass der Mensch im selben Maße, wie er sich diesem göttlichen Einströmen öffnet, auch Gott näher kommt? Dann folgt aber auch notwendig, dass er im selben Maß, wie er Gott so näher kommt, auch Gotteskräfte an sich nimmt. Und wenn diese Gotteskräfte schrankenlos sind, folgt dann nicht schließlich, dass die einzigen Schranken des Menschen die sind, die er sich selber setzt, bloß weil er sich nicht kennt?

4 Die oberste Wahrheit im menschlichen Leben

Nachdem wir uns über die Grundwahrheit im Weltall bewusst geworden sind, nämlich dass der Geist des unendlichen Lebens hinter allem steht und alles von ihm stammt, werden wir nun weitergeführt zu der Frage, was die große Grundwahrheit im menschlichen Leben ist. Nach dem, was im Vorhergehenden gesagt wurde, beantwortet sich die Frage fast von selbst.

Die große Grundwahrheit im menschlichen Leben, in deinem wie in meinem, ist die: Wir müssen zu einer bewussten lebendigen Erkenntnis unsrer Einheit mit diesem unendlichen Leben gelangen und uns diesem göttlichen Einströmen völlig öffnen. Das ist die große Grundwahrheit im menschlichen Leben, denn in ihr ist alles eingeschlossen, aus ihr folgt alles Übrige. Genau in dem Maß, in dem wir zu einer bewussten Erkenntnis unsrer Einheit in dem unendlichen Leben gelangen und uns diesem göttlichen Einströmen öffnen, machen wir in uns die Eigenschaften und die Kräfte des unendlichen Lebens lebendig.

Und was bedeutet das? Es bedeutet einfach, dass wir unsre wirkliche Einheit mit diesen großen Gesetzen und Kräften erkennen, unser Leben in Harmonie mit ihnen bringen und uns so für dieselben großen Offenbarungen aufschließen, die alle Propheten, Seher, Weisen und Heilande der Weltgeschichte empfangen haben. Denn in dem Maß, in dem wir zu dieser Erkenntnis kommen und uns mit dieser unendlichen Quelle verbinden, ermöglichen wir es den höchsten Kräften, durch uns hindurchzugehen, zu wirken und sich kundzugeben.

Wir können uns gegen dieses göttliche Einströmen und gegen diese höchsten Kräfte und Mächte durch Unwissenheit abschließen, wie es die meisten machen, und so können wir es erschweren oder sogar verhindern, dass sie sich durch uns kundtun. Oder wir können uns absichtlich gegen ihre Wirkungen verschließen und so uns selbst der Kräfte berauben, zu denen wir unserm Wesen nach angelegt sind. Auf der andern Seite können wir zu einer so lebendigen Erkenntnis dieser Einheit unsres wahren Selbst mit dem unendlichen Leben kommen, wir können uns so völlig für das göttliche Einströmen und damit die Wirkungen dieser höheren Kräfte und Offenbarungen aufschließen, dass wir wirklich und wahrhaftig das werden, was man wohl einen Gottmenschen nennen kann.

Und was ist ein Gottmensch? Einer, in dem die Kräfte Gottes sich kundtun, obwohl er immer noch ein Mensch bleibt. Einem Mann oder einer Frau von solcher Art kann niemand Schranken setzen; denn die einzigen Schranken, die er oder sie haben, sind die, die sie sich selbst setzen. Unwissenheit ist der gefährlichste Faktor, der der Mehrzahl der Menschen Schranken setzt; und so fahren die meisten fort, ihr kleines zwergenhaftes und verkümmertes Dasein zu leben, bloß weil sie das größere nicht erkennen, zu dem sie berufen sind: Sie sind bis jetzt noch nicht zur Erkenntnis der wirklichen Wesenseinheit ihres wahren Selbst mit Gott gelangt.

Die Menschheit hat noch nicht erkannt, dass das wahre Selbst mit dem Leben Gottes eins ist. Infolge ihrer Unwissenheit haben sich die Menschen diesem göttlichen Einströmen noch nicht geöffnet und sich noch nicht zu einem Kanal gemacht, durch den die unendlichen Kräfte sich kundtun können. Solange wir uns als bloße Menschen ansehen, so lange leben wir auch als bloße Menschen und haben auch bloß die Kräfte von Menschen. Wenn wir aber zur Erkenntnis der Tatsache gelangen, dass wir Gottmenschen sind, dann leben wir auch als Gottmenschen und haben die Kräfte von Gottmenschen. In dem Maß, in dem wir uns diesem göttlichen Einströmen öffnen, werden wir aus bloßen Menschen zu Gottmenschen.

Ein Freund von mir besitzt einen Lotosteich. Ein natürliches Bassin auf seinem Grundstück – oder, wie er es immer nennt, auf seiner Farm – erhält sein Wasser von einem

Reservoir in den nicht weit entfernten Vorbergen. Eine Schleuse regelt den Zufluss des Wassers aus der Leitung vom Reservoir zum Teich. Es ist ein Plätzchen von überirdischer Schönheit. Unter dem wolkenlosen Sommerhimmel liegen die Lotosblumen voll erblüht auf dem klaren durchsichtigen Wasser, Junirosen und andre wilde Blumen blühen ohne Aufhören an seinen Rändern, die Vögel kommen zum Trinken und zum Baden, und von früh bis spät hört man ihren melodischen Gesang. Die Bienen sind beständig an der Arbeit in diesem Garten voll wilder Blumen; ein lieblicher Hain, in dem die verschiedensten wilden Beeren, Büsche und Farne wachsen, zieht sich hinter dem Teiche hin, so weit das Auge reicht.

Unser Freund ist ein Mensch, nein, ein Gottmensch, der sein Geschlecht liebt; deshalb sieht man auf seinem Grund nirgends einen Anschlag mit den Worten »Privatbesitz, Eintritt verboten« oder »Durchgang wird bestraft«. Vielmehr steht am Ausgang des lieblichen Pfades, der durch das Gehölz zu diesem zauberhaften Plätzchen führt, angeschrieben: »Jedermann ist am Lotosteich willkommen.« Deshalb wird unser Freund auch von allen geliebt: Sie können nicht anders, so liebt er sie, und was sein ist, gehört auch ihnen.

Oft findet man hier fröhliche Gruppen spielender Kinder; oft kommen müde und matt aussehende Männer und Frauen, und wenn sie wieder gehen, tragen ihre Gesichter einen ganz andern Ausdruck: Die Last scheint von ihnen genommen. Dann und wann habe ich sie beim Gehen mit leisem Murmeln, wie wenn sie eine Segensformel sprächen, sagen hören: *Gott segne unsern Bruder und Freund.* Viele reden von diesem Fleck Erde als von dem Garten Gottes. Mein Freund nennt ihn seinen Seelengarten und verbringt manche stille Stunde dort. Oft sah ich ihn umherwandeln, wenn die andern gegangen waren, oder still auf einer Holzbank im hellen Mondschein sitzen und den Duft der wilden Blumen einatmen. Er ist ein Mann von wunderbar einfacher Natur. Er sagt, hier gehe ihm die Wirklichkeit des Lebens auf, und seine größten und erfolgreichsten Pläne seien ihm hier oft wie durch einen Offenbarungsblitz gekommen.

Die ganze unmittelbare Umgebung atmet Güte und Trost, Wohlwollen und Frohsinn. Sogar die Rinder und Schafe, wenn sie zu dem alten Steinzaun an der Ecke des Haines kommen und nach dem lieblichen Platz hinüberblicken, scheinen die gleiche Freude zu empfinden wie die Menschen. Es sieht fast aus, als lächelten sie im Gefühl ihrer Zufriedenheit und Freude, oder vielleicht erscheint es nur dem Zuschauer so, weil er selbst kaum ein Lächeln unterdrücken kann, wenn er den offenbaren Ausdruck ihrer Zufriedenheit und ihres Wohlseins gewahr wird.

Die Schleuse des Teiches steht immer offen und nimmt einen so reichlichen Wasserzufluss auf, dass beständig noch genug überläuft, um einen Strom zu speisen, der durch die Felder weiter unten fließt, mit dem reinen Bergwasser die Rinder und Schafe tränkt und dann durch die Felder der Nachbarn weiterströmt.

Vor einiger Zeit musste mein Freund für ein Jahr verreisen. Für die Zeit seiner Abwesenheit verpachtete er sein Grundstück an einen Mann, der einen – wie die Welt es nennt – äußerst praktischen Geist besitzt. Er hat für nichts Zeit übrig, was ihm nicht direkt praktischen Gewinn einbringt. Die Schleuse, die das Reservoir mit dem Lotosteich verband, wurde geschlossen, und das kristallklare Bergwasser konnte ihn nicht länger füllen und aus ihm überfließen. Der Anschlag unsres Freundes mit den Worten »Jedermann ist am Lotosteich willkommen« wurde abgenommen, und man sah keine frohen Gruppen von Kindern, Männern und Frauen mehr am Teich. Eine große Veränderung kam über das Ganze. Weil das Leben spendende Wasser fehlte, welkten die Blumen in dem Teich, und ihre langen Stiele lagen flach am Grund auf dem Schlamm. Die Fische, die früher in dem klaren Wasser schwammen, starben, und ein ekelhafter Geruch schlug allen entgegen, die in die Nähe kamen. Keine Blumen blühten mehr am Rande des Wassers, die Vögel flogen nicht mehr zum Trinken und Baden herbei, das Summen der Bienen verstummte, und überdies trocknete der Strom aus, der durch die Felder unten floss, sodass die Rinder und Schafe nichts mehr von dem klaren Bergwasser erhielten.

Die Veränderung, die der Lotosteich und seine Umgebung jetzt erfuhren im Vergleich zu der Zeit, da unser Freund dort waltete, ist, wie wir sehen, dadurch hervorgerufen, dass die Schleuse geschlossen wurde, die zu dem Teich führte: So konnte das Wasser aus dem Bergreservoir nicht mehr hineinfließen, das doch die Quelle allen Lebens gewesen war. Und als diese Lebensquelle abgesperrt war, da veränderte nicht bloß der ganze Lotosteich sein Aussehen, sondern auch die umliegenden Felder mussten jetzt den Strom entbehren, an dessen Ufer die Schafe und Rinder zum Trinken gekommen waren.

Erblicken wir hierin nicht eine vollständige Parallele zum menschlichen Leben? In dem Maß, in dem wir unsre Einheit und unsern Zusammenhang mit dem unendlichen Geist erkennen, der das Leben von allem ist, in dem Maß, in dem wir uns diesem göttlichen Einströmen öffnen, kommen wir in Harmonie mit dem Höchsten, Kraftvollsten und Schönsten, das es gibt. In dem Maß, in dem wir dies tun, fließen wir auch selbst über, sodass alle, die mit uns in Berührung kommen, an den Wirkungen unsrer Erkenntnis teilnehmen. Das ist der Lotosteich unsres Freundes, des Mannes, der zu allem Wahren und Guten in der Welt in so liebevollem Verhältnis stand. In dem Maß aber, in dem wir diese Erkenntnis unsrer Einheit mit der unendlichen Quelle nicht gewinnen und uns deshalb gegen dieses göttliche Einströmen absperren und abschließen, kommen wir in einen Zustand, da wir nichts Gutes, nichts Schönes, nichts Kraftvolles mehr unser Eigen nennen; und wenn das geschieht, so bringen wir auch denen, die mit uns in Berührung kommen, nichts Gutes, sondern nur Schaden. Das ist der Lotosteich zu der Zeit, da die Farm im Besitz des Pächters war.

Es ist aber ein Unterschied zwischen dem Lotosteich und deinem und meinem Leben vorhanden. Der Teich hat keine Macht, seine Schleuse zum Einströmen des Wassers aus dem Reservoir, seiner Quelle, zu öffnen; darin hängt er von einer außer ihm wohnenden Kraft ab. Du aber und ich, wir haben diese Kraft, die innere Kraft, uns für dieses göttliche Einströmen zu öffnen oder zu verschließen, ganz wie wir wollen. Diese Kraft haben wir in der Macht unsres Geistes, in der Wirksamkeit des Denkens.

Wir haben das Leben unsrer Seele, und zwar direkt von Gott: Das verknüpft uns mit dem Unendlichen. Wir haben weiter das physische Leben: Das verknüpft uns mit der stofflichen Welt. Das Leben des Denkens verknüpft das eine mit dem andern und geht zwischen ihnen hin und her.

Ehe wir nun weitergehen, wollen wir ganz kurz das Wesen des Denkens betrachten. Das Denken ist nicht bloß, wie man lange Zeit geglaubt hat, eine unbestimmte Abstraktion oder etwas Derartiges; es ist im Gegenteil eine lebendige Kraft, die lebendigste, feinste und unwiderstehlichste, die es im Kosmos gibt.

Wir können sogar in unsern Laboratorien heute durch Experimente die Tatsache beweisen, dass Gedanken Kräfte sind. Sie haben eine bestimmte Form, Qualität, Substanz und Energie, und wir fangen an zu entdecken, dass es eine sehr wohl so zu nennende Wissenschaft des Gedankens gibt. Und ebenso fangen wir an zu entdecken, dass wir in unserm Denken das Werkzeug einer schöpferischen Kraft besitzen: schöpferisch nicht bloß im bildlichen, sondern im realen Sinn.

Alles, was sich im materiellen Weltall findet, alles, was

überhaupt im Weltall bekannt ist, hat seinen ersten Ursprung im Gedanken genommen: Durch Gedanken erhielt es seine Form. Jedes Haus, jede Statue, jedes Gemälde, jede Maschine – alles hat, ehe es seinen stofflichen Ausdruck und seine Verkörperung fand, seine Geburt und seinen Ursprung zuerst im Geist eines Menschen erlebt, der es in Gedanken bildete. Ja das Weltall selbst, in dem wir leben, ist durch die göttliche Gedankenenergie des unendlichen Geistes hervorgebracht worden, der hinter allem steht. Und wenn es wahr ist, was wir gefunden haben, dass unser wahres Selbst seinem Wesen nach eins ist mit dem Leben des unendlichen Geistes – sehen wir dann nicht, dass wir in dem Maße, in dem wir zu einer lebendigen Erkenntnis dieser überwältigenden Tatsache gelangen, durch die Wirksamkeit unserer geistigen Denkkräfte im selben Sinne schöpferische Kraft erwerben?

Alles existiert erst im Reiche des Unsichtbaren, ehe es sichtbar erscheint oder wirklich wird; und in diesem Sinn ist es wahr, dass das Unsichtbare das Wirkliche ist, während das Sichtbare keine Wirklichkeit hat. Das Unsichtbare ist Ursache, das Sichtbare Wirkung; was unsichtbar ist, das ist ewig, was aber sichtbar ist, das ist veränderlich und zeitlich.

Die »Kraft des Wortes« ist eine buchstäbliche wissenschaftliche Tatsache. In der Tätigkeit unsrer Gedankenkräfte besitzen wir eine schöpferische Kraft; das gesprochene Wort ist nur der äußere Ausdruck der Wirksamkeit dieser inneren Kräfte. Das gesprochene Wort ist also in gewissem Sinn das Mittel, durch das die Gedankenkraft zusammengefasst und in eine bestimmte Richtung geleitet wird; diese Zusammenfassung, wie die Erteilung einer bestimmten Richtung, muss notwendig vorausgehen, wenn ein äußeres oder materielles In-Erscheinung-Treten dieser Kraft sichtbar werden soll.

Man spricht so oft vom »Luftschlösserbauen«. Wer zu dieser Art des Bauens neigt, wird meist nicht mit allzu günstigen Blicken betrachtet. Aber ein Luftschloss muss immer vorher da sein, ehe wir ein Schloss auf dem Erdboden haben, in dem wir leben können. Bei jemandem, der sich mit dem Bauen von Luftschlössern abgibt, ist wohl etwas nicht in Ordnung: Aber nicht das ist der Fehler, dass er sie in die Luft baut, sondern dass er dann nicht mehr weitergeht und sie nun auch im Leben, im Wesen, in materieller Form verwirklicht. Er tut einen Teil der Arbeit, und zwar einen sehr notwendigen; aber einen andern ebenso notwendigen lässt er unausgeführt.

In Verbindung mit der Gedankenfreiheit steht nun etwas andres, das wir die Anziehungskraft des Geistes nennen können, und das große Gesetz, das hier wirksam ist, ist eins mit dem großen Weltgesetz: Gleiches zieht Gleiches an. Wir ziehen unaufhörlich aus der sichtbaren wie aus der unsichtbaren Welt die Kräfte und Zustände an, die denen in unsern eignen Gedanken am verwandtesten sind.

Dieses Gesetz ist in beständiger Wirkung, ob wir uns nun seiner bewusst sind oder nicht. Wir leben sozusagen in einem ungeheuren Meer von Gedanken, und die ganze Atmosphäre um uns ist fortwährend erfüllt mit den Gedankenkräften, die beständig in Form von Gedankenwellen ausgesandt werden oder ausgehen. Mehr oder weniger werden wir alle von diesen Gedankenkräften beeinflusst, sei es bewusst oder unbewusst, je nachdem ob wir mehr oder weniger empfindsam organisiert sind. Die Stärke unsrer Beeinflussung hängt auch davon ab, ob wir eher negativ und somit gegenüber äußeren Einflüssen offen sind, oder ob wir eher positiv sind und dadurch selbst bestimmen können, welche Einflüsse im Gebiet unsrer Gedanken und damit in unserm Leben Zutritt haben dürfen.

Manche Leute sind viel feinfühliger beschaffen als der Durchschnitt. Bei ihnen ist der körperliche Organismus viel zerbrechlicher und empfindlicher gebaut. Solche Menschen werden von dem Geisteszustand derer, mit denen sie in Berührung kommen oder in deren Gesellschaft sie sich befinden, jedes Mal mehr oder weniger angesteckt. Ein Freund von mir, Herausgeber einer größeren Zeitung, ist so überfein besaitet, dass er keiner Versammlung – z. B. einem Empfang, wo er einen Abend lang mit vielen Leuten sprechen und Händedrücke wechseln muss – beiwohnen kann, ohne dass er von den geistigen und körperlichen Zuständen dieser Menschen eine stärkere oder schwächere Wirkung auf sich selbst verspürt. Sie greifen ihn so an, dass er kaum noch er selbst ist und zwei oder drei Tage braucht, um seine volle Arbeitsfähigkeit wiederzugewinnen.

Manche halten es für ein Unglück, wenn jemand so feinnervig geschaffen ist. Aber dies ist durchaus nicht der Fall. Es ist im Gegenteil etwas Gutes; denn man ist auf diese Weise für die von innen kommenden Seelenantriebe und die von außen kommenden höheren Kräfte offener und empfänglicher. Es kann allerdings auch ein Unglück oder wenigstens im höchsten Grad unbequem sein, wenn jemand so geartet ist – falls er nämlich nicht imstande ist, die Kraft zu erkennen und zu erwerben, mit der er sich gleichsam zuschließen oder allen schädlichen und unerwünschten Einflüssen gegenüber gefeit machen kann. Allein diese Kraft kann jeder sich erwerben, wie anfällig er auch sonst beschaffen sein mag.

Man kann sie erwerben durch die Tätigkeit des Geistes. Im Übrigen ist es für jeden Menschen, sei er fein besaitet oder nicht, die wertvollste Gewöhnung, die es gibt, wenn er von Zeit zu Zeit folgende Haltung des Geistes annimmt – oder noch besser, wenn er sie womöglich immer bewahrt. Er schließe sich ab, er mache sich gegenkräftig und stark gegen alles, was unter ihm ist, und öffne sich und mache sich empfänglich für alle höheren Einflüsse, für alles, was über ihm ist. Wenn man diese geistige Haltung mit Bewusstsein öfters einnimmt, wird sie bald zur Gewohnheit; und macht jemand damit vollen Ernst, so werden dadurch stille, aber feine und mächtige Einflüsse in Wirksamkeit gesetzt, die alle gewünschten Erfolge herbeiführen. Es werden auf diese Weise alle niederen und unerwünschten Einflüsse aus der sichtbaren und aus der unsichtbaren Welt des Lebens abgesperrt, während alle höheren Einflüsse angezogen werden; und je stärker diese Anziehung ist, umso sicherer kommen sie herbei.

Was verstehen wir aber unter der unsichtbaren Welt des Lebens? Zunächst die Gedankenkräfte, die Verstandes- und gefühlsmäßigen Zustände in der uns umgebenden Lebensluft, wie sie von Menschen verursacht werden, d. h. von Geistern, die sich auf der stofflichen Ebene durch Vermittlung stofflicher Körper zur Geltung bringen; sodann aber auch dieselben Kräfte, wie sie verursacht werden von solchen Geistern, die den stofflichen Körper abgestreift haben oder von denen er losgelöst worden ist und die sich nun durch Vermittlung von ganz andersartigen Körpern kundtun.

Das individuelle Dasein des Menschen beginnt auf der sinnlichen Ebene der stofflichen Welt, aber durch aufeinanderfolgende ätherische und himmlische Sphären, die seinem sich immer mehr entfaltenden vergöttlichten Leben und dessen Kräften entsprechen, erhebt es sich zu einem Ziel von unaussprechlicher Größe und Herrlichkeit. In und über jedem physischen Planeten befindet sich ein ihm entsprechender ätherischer Planet oder eine Seelenwelt, ganz wie in und über jedem Organismus ein ihm entsprechender ätherischer Organismus oder Seelenkörper liegt, von dem der stoffliche nur das äußere Gegenstück und der versinnlichte Ausdruck ist. Von diesem ätherischen oder Seelenplaneten, der die nächste Heimat der um eine Stufe höher gestiegenen Menschheit ist, erheben sich – man könnte auch sagen: versenken sich – die Geister in unendlichen Abstufungen, eine Sphäre immer in und über der andern, zu himmlischen Höhen vergeistigten Daseins, die für den sinnlichen Menschen völlig unvorstellbar sind. Es gibt daher eine doppelte Verkörperung: Die stoffliche stellt sozusagen nur die zeitliche Schale dar, in der und durch die erst der wirkliche und bleibende Organismus individualisiert und vollendet wird, etwa wie das volle Korn in der Ähre nur in der Hülse und durch sie gedeiht, die sonst gar keinen andern Wert hat. Durch diesen unzerstörbaren ätherischen Körper und die ihm entsprechende ätherische Umgebungssphäre, zusammen mit dem sozialen Leben und den sozialen Verhältnissen dieser Sphäre, wird die Individualität und das persönliche Leben für immer erhalten.

Die Tatsache, dass das Leben in irgendwelcher Form existiert, ist gleichbedeutend mit der Überzeugung, dass es erhalten bleibt, auch wenn es seine Form wechselt. Leben ist das eine ewige Prinzip des Alls und besteht daher ohne Aufhören, auch wenn die Form seines Trägers wechselt, durch die es in Erscheinung tritt: »In meines Vaters Hause sind viele Wohnungen.« Und sicherlich ist nicht der geringste Beweis dafür geliefert, dass das Leben, wenn es verschwindet, weil es den physischen Träger verlässt, nicht gerade so weitergeht wie vorher; nicht indem es neu anfängt – denn es gibt hier gar kein Aufhören –, sondern nur, indem es in einer neuen Form da wieder eintritt, wo es vorher verschwunden ist. Denn alles Leben ist Schritt für Schritt fortgehende Entwicklung; einen Sprung gibt es da nirgends.

So gut wie in der stofflichen muss es deshalb auch in der andern Form Geistigkeit und darum auch Leben von allen Gnaden und mit allen möglichen Einflüssen geben. Wenn also das große Gesetz »Gleiches zieht Gleiches an« überhaupt gilt, so ziehen wir fortwährend auch von jener Seite des Lebens diejenigen Einflüsse und Umstände an, die den unsrigen am verwandtesten sind. – Man könnte nun sagen, es sei ein schauerlicher Gedanke, dass wir unter solchen Einflüssen stehen. Aber das ist nicht der Fall: Alles Leben ist eins, und wir sind alle in dem einen gemeinsamen und allgemeinen Leben miteinander verknüpft. Und der Gedanke verliert dann vollends alles Schauerliche, wenn wir bedenken, dass wir es ja ganz in der Hand haben, die Reihe der Gedanken zu bestimmen, die wir bilden, und damit auch die Reihe der Einflüsse, die wir anziehen wollen: Wir sind nicht bloß willenlose Geschöpfe der Umstände – außer wenn wir es ausdrücklich sein wollen.

Wir können in unserm geistigen Leben das Steuer in der Hand behalten und haarscharf bestimmen, welchen Kurs wir nehmen und an welchen Punkten wir anlegen wollen. Wir können dies auch unterlassen; dann treiben wir aber vor dem Wind und werden von jedem Lufthauch hin und her geweht. Darum sollte uns im Gegenteil jener Gedanke willkommen sein; denn wir sind dann imstande, uns unabhängig von Zeit und Raum die Hilfe der edelsten und besten Geister zu verschaffen, die je auf Erden gelebt haben.

Wir müssen vernünftigerweise annehmen, dass diejenigen, die hier mit Liebe und Kraft an der Hebung der Menschen gearbeitet haben, auch jetzt noch ihre Arbeit in derselben Weise weiterhin tun; dann aber sind doch höchstwahrscheinlich ihr Eifer, ihr Ernst und ihre Macht jetzt noch größer als vorher.

»Und Elischa betete und sprach: Herr, öffne ihm die Augen, dass er sehe! Da öffnete der Herr dem Diener die Augen, dass er sah; und siehe, da war der Berg voll feuriger Rosse und Wagen um Elischa her.« (2. Kön. 6, 17.)

Als ich vor einiger Zeit mit einem Freund ausritt, sprachen wir davon, wie heute die Menschen eine so große Teilnahme an den wesentlichen Fragen des Lebens bekunden, wie eifrig sie sich um die Kenntnis der inneren Kräfte bemühen, wie sie mehr und mehr danach streben, sich selbst und ihr Verhältnis zum Unendlichen zu erkennen. Und als wir von dem geistigen Erwachen sprachen, das jetzt so plötzlich über die Welt kommt, dessen Anfänge wir so deutlich in den letzten Jahren des 19. Jahrhunderts beobachten konnten und von dem die ersten Jahre des neuen Jahrhunderts sehen werden, wie es immer mehr zunimmt, da sagte ich: »Wie schön wäre es, wenn Emerson, der seiner Zeit so weit an Erleuchtung voraus war, der so furchtlos und so treu daran gearbeitet hat, diese Zustände mit heraufzuführen, wie schön wäre es, wenn er heute noch unter uns weilte und Zeuge von dem allen sein könnte! Welche Freude wäre das für ihn!«

Die Antwort meines Freundes war: »Woher wissen wir denn, dass er nicht wirklich Zeuge von dem allen ist, dass er nicht in dem allen seine Hand hat, und zwar viel stärker als zu der Zeit, da wir ihn hier sahen?«

Ich danke dir, lieber Freund, für diesen Wink! Wahrhaftig, »sind sie nicht allzumal dienstbare Geister, ausgesandt zum Dienst um derer willen, die ererben sollen die Seligkeit?« (Hebr. l, 14).

Die Naturwissenschaft beweist heute zur Genüge, dass das, was wir sehen, nur ein sehr kleiner Teil dessen ist, was überhaupt existiert. Die wirklichen, lebendigen Kräfte, die in unserm eigenen Leben wie in der Welt um uns wirken, sind für das körperliche Auge nicht sichtbar, und doch sind sie die Ursachen, und alles, was wir sehen, ist nur ihre Wirkung. Gedanken sind Kräfte; auch von ihnen gilt das Gesetz: Gleiches baut Gleiches auf und Gleiches zieht Gleiches an. Unser Denken beherrschen heißt also unser Leben bestimmen.

Ein Mann von tiefer Einsicht in das Wesen der Dinge sagt: »Das Gesetz der Entsprechung zwischen Geistigem und Materiellem arbeitet wunderbar genau. Menschen von düsterer Stimmung ziehen nichts als düstere Dinge an sich heran. Menschen, die immer entmutigt und verzweifelt sind, haben in keiner Sache Erfolg, und ihr Leben ist stets eine Last für andere. Die Hoffnungsvollen, die Vertrauenden, die Frohen dagegen ziehen den Erfolg an. Die Art, wie ein Vorgarten oder ein Hinterhof gehalten ist, zeigt deutlich die herrschende Stimmung des Besitzers. Eine Frau im Hause zeigt den Zustand ihres Geistes an ihren Kleidern: Eine Schlampe zeigt als ihre vorherrschende Stimmung Hoffnungslosigkeit, Nachlässigkeit und Mangel an Ordnung. Lumpen, Fetzen und Schmutz sind immer erst im Geiste da, ehe sie sich am Körper finden. Der Gedanke, der in dir am häufigsten auftritt, bewirkt, dass sich dir ein sichtbares Zeichen anheftet, und zwar ebenso sicher, wie ein sichtbares Stück Kupfer in einer Lösung die unsichtbar darin enthaltenen Kupferteile anzieht. Wenn der Geist immer voll Hoffnung, Vertrauen und Mut ist, entschlossen, sein Ziel zu erreichen, und immer darauf gerichtet, so zieht er aus den Elementen Dinge und Kräfte an, die ihm zu diesem Ziel verhelfen.

»Jeder deiner Gedanken stellt buchstäblich einen Wert für dich dar, und zwar auf allen möglichen Gebieten. Die Stärke deines Körpers wie deines Geistes, deine Erfolge in Geschäften, das Vergnügen, das deine Gesellschaft andern bereitet – alles hängt von der Art deines Denkens ab. Je nachdem, wie die Stimmung ist, in die du deinen Geist versetzt, wirst du in genau entsprechender Stärke unsichtbare Substanzen an dich ziehen: Dies ist so gut ein geistiges wie ein chemisches Gesetz; die Chemie ist überhaupt nicht auf die sichtbaren Elemente beschränkt. Die dem körperlichen Auge unsichtbaren Elemente sind zehntausendmal zahlreicher als die sichtbaren. Christi Gebot ›Tut wohl denen, die euch hassen‹ beruht auf einer wissenschaftlichen Tatsache und einem Naturgesetz. Gutes tun bedeutet, alle Elemente der Kraft und des Guten in der Natur an sich ziehen; Übles tun bedeutet, die entgegengesetzten zerstörenden Elemente anziehen. Wenn uns die Augen geöffnet sind, so wird schon der Selbsterhaltungstrieb uns von allen schlechten Gedanken abbringen. Wer in Hass lebt, wird durch Hass sterben, das ist der Sinn des Wortes: ›Wer das Schwert nimmt, der soll durch das Schwert umkommen.‹ Jeder gegen irgendeine Person gerichtete schlechte Gedanke ist ein gegen sie gezücktes Schwert; wenn nun dagegen wieder ein Schwert gezückt wird, so ist das um so schlimmer für beide Teile.«

Ein andrer, der die Dinge genau kennt, von denen er spricht, sagt: »Das Gesetz der Anziehung wirkt ganz allgemein auf jeder Tätigkeitsebene, und wir ziehen das an, was wir ersehnen und erwarten. Wenn wir aber eine Sache ersehnen und eine andre erwarten, dann sind wir wie ›ein Haus, das mit sich uneins ist und wüste wird‹ (Luk. 11, 17). Entschließe dich bestimmt, bloß das zu erwarten, was du ersehnst, dann wirst du auch bloß das anziehen, was du wünschst. Trage irgendeinen bestimmten Gedanken mit dir herum: Solange du ihn festhältst, wirst du unaufhörlich, wie weit du auch Länder und Meere durchschweifst, bewusst oder unbewusst genau das und nur das anziehen, was diesem beherrschenden Gedanken entspricht. Gedanken sind unser Privateigentum, und wir können sie vollkommen unsern Bedürfnissen anpassen, falls wir unsre Fähigkeit dazu erkennen.«

Wir haben eben von der Anziehungskraft des Geistes gesprochen. Der »Glaube« ist nichts andres als die Wirkung der Gedankenkraft in Form eines starken Verlangens, verbunden mit der Erwartung seiner Erfüllung. In dem Maß, in dem der Glaube, das starke Verlangen, das wir in die Ferne aussenden, von einer bestimmten Erwartung getragen und sozusagen getränkt wird, zieht er das, wonach er ausgesandt wurde, entweder direkt an sich heran oder wandelt es erst aus Unsichtbarem in Sichtbares, aus Geistigem in Materielles um.

Aber lass eine Spur von Zweifel oder Furcht dazwischenkommen: Dann wird, was sonst eine furchtbare Kraft wäre, dergestalt aufgehoben, dass es seine Verwirklichung nicht mehr erreichen kann. Wird der Glaube dagegen beständig von bestimmter Erwartung getragen und getränkt, so wird er zu einer Kraft, einer unwiderstehlichen und absoluten

Kraft, deren Erfolg in genauem Verhältnis zur Stärke des Glaubens steht.

Wir werden entdecken – was gerade jetzt der Menschheit fast plötzlich zum Bewusstsein kommt –, dass all die großen Worte, die vom Glauben gesagt, all die großen Verheißungen, die ihm gegeben wurden, nicht bloß allgemeine Gefühle, sondern bedeutende wissenschaftliche Tatsachen sind und auf großen unmittelbaren Gesetzen beruhen. In den Versuchen unsrer Laboratorien sind wir im Begriff, die Gesetze zu entdecken, die diesen Kräften zugrunde liegen und ihnen die Richtung geben. Und wenigstens einige unter uns sind heute schon dabei, diese Gesetze mit Verstand und nicht mehr bloß blind anzuwenden, wie man das so oft und so lange getan hat.

Man redet heute viel vom Willen. Man spricht oft von ihm, als ob er an sich selber eine Kraft wäre; aber er ist eine Kraft nur insoweit, als er eine besondere Kundgebungsform der Gedankenkräfte darstellt. Denn durch das, was wir Willen nennen, wird der Gedanke zusammengefasst und in eine bestimmte Richtung geleitet, und in dem Maß, in dem das geschieht, hat er in der Sache Erfolg, um derentwillen er ausgesandt wurde.

Recht verstanden gibt es zwei Arten von Willen, den menschlichen und den göttlichen. Der menschliche Wille ist der des niederen Selbst, wie wir es der Einfachheit halber nennen wollen. Es ist der Wille, der nur im verstandesbeherrschten und stofflichen Gebiet lebt, der sinnliche Wille, der Wille des Menschen, der die Tatsache noch nicht erfasst hat, dass es ein den Verstand und das Sinnliche weit überragendes Leben gibt, das, wenn es erkannt und gelebt wird, diese beiden Gebiete nicht etwa leugnet oder verkürzt, sondern im Gegenteil zur höchsten Vollendung und zur Kraft des reinsten Genusses erhebt. Der göttliche Wille ist der Wille des höheren Selbst, der Wille des Menschen, der seine Einheit mit dem Göttlichen erkannt hat und kraft dieser Erkenntnis seinen Willen dazu bringt, in Harmonie und Gemeinschaft mit dem göttlichen Willen zu wirken. »Der Herr, dein Gott, ist mächtig in dir.«

Der menschliche Wille hat bestimmte Schranken: Bis hierher und nicht weiter, sagt sein Gesetz. Der göttliche Wille kennt keine Schranken, er ist allherrschend: Alles ist dir offen und unterworfen, sagt sein Gesetz. In dem Maß, als der menschliche Wille sich zum göttlichen wandelt und zur Harmonie und Vereinigung mit ihm kommt, wird auch er allherrschend. Dann wird das Wort wahr: »Du sollst etwas beschließen, und es soll geschehen.« Das große Geheimnis des Lebens und der Kraft besteht also darin, dass wir eine bewusste Verbindung mit dieser unendlichen Quelle herstellen und erhalten.

Die Kraft jedes Lebens, ja das Leben selbst ist bedingt durch die Beziehung, in die es sich setzt. Gott ist sowohl in uns als außer uns: Er schafft, wirkt und regiert heute, zu unseren Lebzeiten, ebenso lebendig im Weltall wie eh und je. Wir sind nur geneigt, ihn etwa wie einen abwesenden Grundherrn anzusehen, als ob er die Kräfte dieses großen Weltalls in Bewegung gesetzt und sich dann zurückgezogen hätte.

In dem Maß vielmehr, in dem wir ihn als außer uns und in uns zugleich erkennen, werden wir in den Stand gesetzt, an seinem Leben und seiner Kraft teilzunehmen. Denn je mehr wir ihn als den unendlichen Geist des Lebens und der Kraft erkennen, der jetzt und heute in allem und durch alles wirkt und sich kundgibt, und je deutlicher wir unsre Einheit mit seinem Leben erkennen, desto mehr nehmen wir teil an seinem Leben und verwirklichen seine Eigenschaften an uns. In dem Maß, in dem wir uns der einströmenden Flut dieses in uns und außer uns existierenden Lebens öffnen, machen wir uns zu einem Kanal, durch den die unendliche Geisteskraft und Macht wirken kann.

Der Verstand ist das Werkzeug, wodurch wir das wirkliche

Leben der Seele mit ihrem stofflichen Leben verknüpfen und sie so befähigen, durch das Letztere sich zu äußern und zu wirken. Das Gedankenleben bedarf beständiger Erleuchtung von innen, und diese Erleuchtung geschieht genau in dem Maße, wie wir mittels unsres Verstandes unsre Einheit mit dem Göttlichen verwirklichen, von dem jede Seele nur eine gesonderte Ausdrucksform darstellt.

Dies gibt uns dann auch die innere Leitung, die wir Intuition nennen. »Die Intuition steht zum geistigen Wesen und Erkenntnisvermögen des Menschen im gleichen Verhältnis wie die Sinneswahrnehmung zu seinem sinnlichen Wesen und Erkenntnisvermögen. Sie ist ein innerer geistiger Sinn, durch den der Mensch sich für die direkte Offenbarung und Erkenntnis Gottes und die Geheimnisse der Natur und des Lebens aufschließt und durch den er in bewusste Einheit und Gemeinschaft mit Gott kommt, wodurch er dann seine eigene göttliche Natur und Machtvollkommenheit als ein Kind Gottes erkennt. Diese geistige Machtvollkommenheit und Erleuchtung, wie sie durch die Entwicklung und Vervollkommnung der Intuition unter göttlicher Einwirkung zu Stande kommt, gibt uns unmittelbare Einsicht in das Wesen, die Eigenschaften und die Zwecke aller Dinge, auf die wir unsre Aufmerksamkeit und unser Interesse richten ...

Intuition ist, ich wiederhole es, ein geistiger Sinn, der sich nach innen öffnet, ganz wie die Sinne unsres Körpers nach außen offen stehen; und eben weil sie die Fähigkeit hat, die Wahrheit aus erster Hand zu verstehen, zu erfassen und zu erkennen, unabhängig von allen äußeren Erkenntnisquellen, deshalb nennen wir sie ›innere Schauung‹, Intuition. Alle göttlich beeinflussten Lehren und geistigen Offenbarungen beruhen auf der Erkenntnis dieser geistigen Fähigkeit der Seele und ihrer Kraft der Empfänglichkeit und Aneignung ... Bewusste Einheit des Menschen mit dem Geist und den Absichten des Göttlichen, geboren aus der höchsten Sehnsucht und dem höchsten Vertrauen, schließt die Seele durch diesen inneren Sinn auf, sodass sie unmittelbare Erleuchtung aus der göttlichen Allwissenheit schöpft und den Kraftstrom der göttlichen Allmacht als Mitarbeiter gewinnt. Dadurch wird der Mensch ein Seher und Meister.

Auf dieser höheren Ebene des verwirklichten geistigen Lebens im Fleisch nimmt der Geist eine ganz unpersönliche Haltung an; er wirkt mit fesselloser Freiheit und schaut mit gänzlich unvoreingenommenen Augen, indem er die Wahrheit aus erster Hand unabhängig von allen äußeren Erkenntnisquellen erfasst, an alle Wesen und alle Dinge vom Standpunkt Gottes aus herantritt und sie so im Lichte göttlicher Allwissenheit erblickt. Wenn die Seele so durch diesen inneren Sinn, den wir Intuition nennen, für den göttlichen Geist innerlich aufgeschlossen ist, so offenbart er ihr in direkter Erleuchtung die Absichten, die Gott in die Dinge gelegt hat, und damit die volle Wahrheit über die Dinge selbst.« Manche nennen das die Stimme der Seele, andre die Stimme Gottes, wieder andre den sechsten Sinn: Jedenfalls ist es ein innerlicher geistiger Sinn für uns.

In dem Maß, in dem wir der Erkenntnis unsres wahren Selbst und der Verwirklichung der Einheit unsres Lebens mit dem unendlichen Leben näher kommen, in dem Maß, in dem wir uns diesem göttlichen Einströmen öffnen, wächst auch die Klarheit, mit der diese Stimme Gottes zu uns spricht; und je mehr wir sie verstehen, auf sie lauschen und ihr gehorchen, desto deutlicher spricht sie, bis allmählich die Zeit kommt, in der ihre Leitung unfehlbar, ganz und gar unfehlbar wird.

5 Fülle des Lebens – körperliche Gesundheit und Frische

Gott ist der Geist des unendlichen Lebens. Wenn wir nun an diesem göttlichen Leben teilnehmen und die Kraft haben, uns seinem Einströmen ganz zu öffnen, so hat das sogar für das körperliche Leben tiefere Wirkungen, als man zunächst meinen könnte. Denn so viel ist klar: Es liegt im Wesen dieses unendlichen Geistes, dass er jedes Kranksein ausschließt; wenn das stimmt, dann kann in dem Körper, in den er ungehemmt eintritt und den er ungehemmt durchströmt, keine Krankheit Bestand haben.

Beim Eintritt in diese Erwägungen müssen wir nun zuallererst feststellen, dass im Bereich des körperlichen Lebens alles Leben von innen nach außen geht. Ein unwandelbares Gesetz bestimmt: »Wie innen, so außen – Ursache und Wirkung.« Mit andern Worten: Die Gedankenkräfte, die verschiedenen Gemütszustände und Gefühle, alles wirkt mit der Zeit auf den stofflichen Organismus.

Vielleicht erhebt hier jemand den Einwand: »Ich höre heute so viel reden von den Wirkungen des Geistes auf den Körper, aber ich weiß nicht, ich habe kein rechtes Zutrauen zu der Sache.«

Wirklich nicht? Gesetzt den Fall, es bringt dir plötzlich jemand eine schlechte Nachricht. Du wirst blass, du zitterst, du fällst vielleicht in Ohnmacht – und doch ist diese Nachricht durch den Kanal deines Geistes in dich eingegangen.

Ein Freund sagt vielleicht etwas zu dir, etwa bei Tisch, das dir gemein vorkommt. Du bist dadurch »verletzt«, wie man sagt. Bis zu diesem Augenblick hat dir das Essen geschmeckt, jetzt vergeht dir auf einmal der Appetit. Aber was gesagt wurde, ist durch den Kanal deines Geistes eingegangen und hat dich dort »verletzt«.

Sieh, dort geht ein junger Mann mit schleppenden Schritten: Er stolpert über jedes kleinste Hindernis im Wege. Warum tut er das? Bloß weil er schwachsinnig und ein Idiot ist. Mit andern Worten: Geistesschwäche bringt auch Körperschwäche mit sich; sicher sein im Geist heißt sicher sein auf den Beinen. Unsicherheit macht die Schritte unsicher.

Oder es geschieht ein plötzlicher Unglücksfall. Du stehst zitternd da und bist ganz schwach vor Furcht. Warum bist du unfähig, dich zu bewegen? Warum zitterst du? Und dabei glaubst du noch, dass der Geist nur geringe Wirkung auf den Körper ausübt! Du bist einen Moment lang die Beute eines Zornanfalls, ein paar Stunden später klagst du über heftiges Kopfweh – und trotzdem will es dir nicht einleuchten, dass Gedanken und Gefühle auf den Körper wirken.

Vor einigen Tagen sprach ich mit einem Freund. Als er mir sagte, sein Vater neige sehr dazu sich aufzuregen, antwortete ich: »Ihr Vater ist ein kranker Mann. Er ist nicht kräftig, nicht robust, nicht frisch und lebhaft«, und beschrieb den Zustand des Vaters und was bei ihm nicht in Ordnung sei.

Er sah mich erstaunt an und sagte: »Wie, kennen Sie meinen Vater?«, und auf meine verneinende Antwort fragte er: »Wie können Sie dann die Krankheit, an der er leidet, so genau beschreiben?«

»Sie haben mir eben gesagt, Ihr Vater neige sehr dazu sich aufzuregen. Als Sie mir dies sagten, haben Sie mir eine Ursache angegeben; als ich den Zustand Ihres Vaters beschrieb, habe ich einfach zu dieser Ursache die entsprechende Wirkung hinzugefügt.«

Angst und Aufregung bewirken, dass die Kanäle des Körpers verschlossen werden, sodass die Lebenskräfte nur langsam und träge hindurchfließen. Hoffnung und Ruhe öffnen diese Kanäle, und die Lebenskräfte durchströmen sie dann so eilig, dass eine Krankheit nirgends einen Angriffspunkt findet.

Vor kurzer Zeit erzählte eine Dame meinem Freund von ihrem schweren körperlichen Leiden. Mein Freund wusste zufällig, dass die Beziehung dieser Dame zu ihrer Schwester nicht die beste war. Er hörte aufmerksam der Beschreibung ihrer Leiden zu, sah ihr scharf ins Gesicht und sagte in festem, aber mildem Ton: »Verzeihen Sie Ihrer Schwester!«

Überrascht sah sie ihn an und erwiderte: »Ich kann meiner Schwester nicht verzeihen.«

»Gut«, antwortete er, »dann behalten Sie Ihre steifen Gelenke und Ihre rheumatischen Schmerzen!«

Einige Wochen später sah er sie wieder. Mit leichten Schritten kam sie auf ihn zu und sagte: »Ich habe Ihren Rat befolgt, meine Schwester besucht und ihr verziehen. Wir sind wieder gute Freundinnen geworden, und ich weiß nicht, wie es zugeht, aber soweit ich mich erinnere, kommt es mir vor, als ob mein Leiden genau von dem Tage ab, an dem wir uns versöhnt haben, besser geworden sei. Und nun sind meine Schwester und ich so gute Freundinnen, dass wir es kaum ohne einander aushalten können.«

Auch hier haben wir wieder die Wirkung, wie sie auf die Ursache folgt. Es gibt eine Anzahl gut beglaubigter Fälle folgender Art: Eine Mutter ist einen Augenblick von leidenschaftlichem Zorn erfüllt – und das Kind an ihrer Brust stirbt binnen weniger Stunden, denn die Milch der Mutter ist giftig geworden, weil der Körper unter der Herrschaft des Zornanfalls etwas Giftiges absondert. In anderen Fällen traten schwere Krankheiten oder Krämpfe auf.

Folgendes Experiment führte ein sehr bekannter Naturforscher gleich mehrmals durch: Eine Anzahl Männer brachte man in einen erhitzten Raum und erregte in jedem einen Augenblick lang eine bestimmte Leidenschaft, in dem einen hochgradigen Zorn, in den andern andre Leidenschaften. Von jedem entnahm der Forscher einen Tropfen Schweiß, und durch sorgfältige chemische Analyse gelang es ihm, die jeweilige Leidenschaft anzugeben, die in jedem erregt worden war. Im Wesentlichen dasselbe Ergebnis zeigte sich bei der Analyse des Speichels.

Ein bekannter amerikanischer Schriftsteller, der an einer unserer größten medizinischen Schulen promoviert und die Kräfte, die den Körper aufbauen und zerstören, eingehend studiert hat, sagt: »Der Geist ist der natürliche Beschützer des Körpers ... Jeder Gedanke strebt danach, sich zu verwirklichen: Abscheuliche Vorstellungen von Krankheit, Ausschweifung und Laster aller Art bringen eine Art von Geschwür oder Aussatz in der Seele hervor, und die Seele verwirklicht das dann am Körper. Der Zorn wandelt die chemischen Eigenschaften des Speichels in ein krankmachendes Gift. Es ist bekannt, dass plötzliche und übermäßige Aufregung nicht bloß in wenigen Stunden das Herz geschwächt, sondern Wahnsinn und Tod bewirkt haben.

Forscher haben nachgewiesen, dass eine chemische Verschiedenheit zwischen gewöhnlichem Schweiß und dem plötzlich auftretenden kalten Schweiß besteht, der bei starkem Schuldbewusstsein ausbricht.

Der Gemütszustand eines Verbrechers kann manchmal dadurch festgestellt werden, dass man seinen Schweiß mit Selensäure behandelt und einer chemischen Analyse unterzieht: Er zeigt dann eine deutlich rötliche Färbung. Es ist bekannt, dass die Furcht Tausende von Opfern getötet hat, während umgekehrt der Mut eine stark belebende Wirkung ausübt.

Der berühmte Pferdebändiger Rarey sagte, dass ein zorniges Wort manchmal den Puls eines Pferdes um zehn Schläge in der Minute beschleunige. Wenn das von einem Tier gilt, was werden wir dann von dem Einfluss des Zorns auf menschliche Wesen, besonders auf ein Kind, sagen!

Starke geistige Erregung bewirkt oft Erbrechen. Ein heftiger Wutanfall hat schon Schlaganfälle und Tod herbeigeführt. In mehr als einem Fall hat eine einzige Nacht voll schwerer Seelenkämpfe ein Leben gebrochen. Aus Kummer, lang andauernder Eifersucht, fortwährender Sorge und aufreibender Angst kann manchmal Wahnsinn entstehen. Krankhafte Gedanken und zwiespältige Stimmungen sind die natürliche Atmosphäre für Krankheiten, und in geistiger Fieberluft keimt und wächst das Verbrechen.«

Aus alldem geht die große Wahrheit hervor, die wir heute im Begriff sind, wissenschaftlich zu beweisen, dass geistige Zustände, Gefühle und Leidenschaften ihre ganz bestimmten Wirkungen auf den Körper haben und, wenn ihre Stärke einen gewissen Grad übersteigt, bestimmte Krankheiten hervorbringen, die allmählich zu chronischen Leiden werden.

Noch ein Wort darüber, wie dies zugeht. Wenn jemand für einen Augenblick das Opfer, sagen wir eines Zornanfalls, wird, so entsteht in dem physischen Organismus etwas, was man wohl als ein Gewitter im Körper bezeichnen kann. Dies hat die Wirkung, die normalen, gesunden und lebenspendenden Säfte des Körpers sauer oder besser gesagt ätzend zu machen, sodass sie, statt ihre natürlichen Funktionen zu erfüllen, giftig und zerstörend wirken. Und steigert sich dies bis zu einem bestimmten Grad, so bringt die Summe ihrer Wirkungen bestimmte Krankheitssymtome hervor, die mit der Zeit zu chronischen Leiden werden.

Auf dieselbe Weise sind die entgegengesetzten Gefühle Güte, Liebe, Freundlichkeit und Wohlwollen fähig, ein gesundes, reinigendes und Leben spendendes Strömen aller körperlichen Säfte anzuregen. Alle Kanäle des Körpers scheinen frei und offen zu sein, und die Lebenskräfte fließen in raschem Strom durch sie hindurch. Und gerade diese Kräfte in ihrer lebendigen Wirksamkeit werden allmählich die giftigen und krankheitserregenden Einflüsse ihrer Gegenkräfte überwinden.

Ein Arzt besucht einen Kranken. Er verabreicht heute keine Medizin, aber die bloße Tatsache seines Besuches bewirkt bei dem Kranken eine Besserung – er hat einfach den Geist der Gesundheit, er hat Frische und Stimmung mitgebracht und die Hoffnung im Krankenzimmer zurückgelassen. Tatsächlich haben die Hoffnung und der Mut, die er mitgebracht hat, von dem Kranken Besitz ergriffen und auf seinen Geist einen feinen, aber kräftigen Einfluss ausgeübt; diese von dem Arzt bewirkte geistige Stimmung hat wieder ihre Wirkungen auf den Körper des Kranken geäußert, und so schreitet die Heilung durch Vermittlung dieser geistigen Beeinflussung fort.

> Was immer froh und heiter deinen Geist
> Erhebt, das, wisse, stärkt den Körper auch.
> Die Hoffnung ist des Lebens schönste Kraft,
> Der Seele Balsam und ihr Lebenshauch.

Wir hören manchmal, dass ein Mensch von schwacher Gesundheit zu einem andern sagt: »Wenn du kommst, wird mir immer gleich besser.« Diese Behauptung ruht auf tiefer wissenschaftlicher Begründung. »Die Zunge der Weisen ist heilsam« (Sprüche 12, 18). Die Macht der Suggestion über den menschlichen Geist ist eines der wunderbarsten und interessantesten Gebiete des Studiums. Die erstaunlichsten und stärksten Kräfte können durch ihre Vermittlung in Tätigkeit gesetzt werden. Ein weltberühmter Forscher, überall als einer der hervorragendsten lebenden Anatomen anerkannt, sagt, er habe durch Versuche festgestellt, dass sich der gesamte menschliche Organismus binnen eines Zeitraums von weniger als einem Jahr vollständig umwandeln kann und einzelne Teile sich sogar in wenigen Wochen gänzlich erneuern können.

Aber ich höre fragen: »Willst du wirklich behaupten, dass durch die Wirkung der inneren Kräfte ein kranker Körper in einen gesunden verwandelt werden könne?«

Allerdings, und das ist sogar die natürliche Methode, ihn zu heilen. Die Methode, die mit Medikamenten und andern außerhalb des Körpers liegenden Stoffen arbeitet, ist die künstliche. Das Einzige, was Medikamente zu Wege bringen, ist Hindernisse aus dem Weg räumen, und zwar bloß dazu, dass die Lebenskräfte ihre Arbeit leichter tun können. Der wirkliche Heilungsprozess muss innerlich durch die Lebenskräfte bewirkt werden. Ein Arzt und Chirurg von Weltruf gab neulich vor seinen Kollegen die folgende Erklärung ab: »Der wichtigste Faktor, der bei der Ernährung mitwirkt, das Lebensprinzip selbst, ist in der medizinischen Zunft während ganzer Generationen unberücksichtigt geblieben: Das Studium und die Arzneimittellehre haben sich fast ausschließlich mit den Wirkungen der Materie auf den Geist beschäftigt. Das hat aber der Entwicklung des ärztlichen Standes selbst bedenklich geschadet, und die Folge war, dass der seelische Teil im Leben des Arztes sich noch heute in unvollkommenem und kaum entwickeltem Zustand befindet. Aber die Morgenröte des neuen Jahrhunderts ist gekommen, und die Richtung, in der die Menschheit vorwärts schreitet, geht auf die verborgenen Kräfte der Natur zu. Die Ärzte müssen heute Psychologie studieren und ihren Lehrern in das weite Gebiet der geistigen Therapie folgen. Zum Zaudern und Zögern, zur Skepsis und zum Zweifel ist keine Zeit. Wer zaudert, ist verloren, denn die ganze Menschheit nimmt an der Bewegung teil.«

Ich weiß wohl, dass im Zusammenhang mit der Frage, von der ich gerade rede, in den letzten Jahren eine ganze Masse von Torheiten vorgebracht wurde. Viel Absurdes und Törichtes ist behauptet und getan worden, aber das beweist nichts gegen die dem allen zugrunde liegenden großen Gesetze und ist nicht notwendig mit ihnen verknüpft. Genau genommen ist es mit jedem ethischen, philosophischen oder religiösen System, das die Welt kennt, ebenso gegangen; aber im Lauf der Zeit ist das Absurde und Törichte abgefallen, und die großen, ewigen Grundsätze sind nur umso klarer herausgearbeitet und ausgesprochen worden.

Mir sind persönlich viele Fälle bekannt, wo durch die Wirkung dieser Kräfte eine vollständige und andauernde Heilung erfolgt ist, manchmal in auffallend kurzer Zeit. Darunter sind Fälle, die von der allgemeinen medizinischen

Praxis vollständig aufgegeben wurden. Es gibt viele Berichte über Derartiges aus allen Zeiten und in Verbindung mit allen Religionen. Warum sollte nun die Kraft, solche Heilungen zu vollbringen, heute nicht mehr unter uns zu finden sein? Diese Kraft ist da, und sie wird in dem Maß wirksam werden, in dem wir dieselben Gesetze erkennen, die man in früheren Zeiten gekannt hat.

Es kann jemand sehr viel zur Heilung eines andern tun, aber fast immer gehört die Mitwirkung desjenigen dazu, der geheilt werden soll. Christus brauchte bei seinen Heilungen fast immer die Mitwirkung desjenigen, der ihn anrief. Fast in jedem Fall war seine Frage: »Glaubst du?« Dadurch regte er die Leben spendenden Kräfte des zu Heilenden an und machte sie wirksam. Wenn jemand sehr schwach, sein Nervensystem erschöpft und sein Geist infolge von Krankheit nicht so kräftig und zum Handeln geneigt ist, dann mag es wohl gut sein, wenn er eine Zeit lang die Hilfe und Mitwirkung eines andern sucht. Aber noch viel besser wäre es für ihn, wenn er sich selbst zu einer lebendigen Erkenntnis der Allmacht seiner eigenen inneren Kräfte aufschwingen könnte.

Es ist schon möglich, dass einer den andern heilt; aber um die Heilung zu einer dauerhaften zu machen, muss man sie an sich selbst vollziehen. So kann jemand als Lehrer von höchstem Nutzen sein, indem er die Macht der inneren Kräfte zu klarer Kenntnis des Kranken bringt; aber auf jeden Fall ist zu dauernder Heilung die Tätigkeit des eigenen Selbst erforderlich. Christi Worte waren fast jedes Mal: »Gehe hin und sündige hinfort nicht mehr« oder »Deine Sünden sind dir vergeben«. Damit hat er auf die ewige und unwandelbare Wahrheit hingewiesen, dass jede Krankheit und jedes mit ihr verbundene Leiden direkt oder indirekt die Folge der bewussten oder unbewussten, absichtlichen oder unbeabsichtigten Übertretung eines Gesetzes ist.

Es ist so angeordnet, dass das Leiden nicht länger dauern

darf als die Sünde – dieses Wort nicht notwendig im theologischen, aber immer im philosophischen Sinn verstanden; manchmal freilich auch in beiderlei Sinn. Sobald die Übertretung aufhört, sobald man wieder in volle Übereinstimmung mit dem Gesetz kommt, hört die Ursache des Leidens zu existieren auf. Wohl können im Innern des Körpers die gehäuften Nachwirkungen früherer Ausschreitungen noch spürbar sein, aber die Ursache selbst ist aus dem Weg geschafft, und so können von ihr wenigstens keine neuen Übel mehr ausgehen. Aber sogar der durch frühere Ausschreitungen verderbte Zustand kommt allmählich wieder in Ordnung, sobald die richtigen Kräfte wieder in Tätigkeit gesetzt sind.

Nichts bringt den Menschen schneller in völlige Harmonie mit den Gesetzen, unter denen er leben muss, als die lebendige Erkenntnis seiner Einheit mit dem unendlichen Geist, der das Leben allen Lebens ist. In diesem Geist kann es keine Krankheit geben, und die vollkommene Erkenntnis dieser Wahrheit, das völlige Sich-Aufschließen für das göttliche Einströmen wird am allerschnellsten die Hindernisse aus dem Körper entfernen, die sich dort angesammelt haben, das sind mit anderen Worten: die Krankheiten, die in ihm wohnen. »Ich will meinen Geist in euch geben, dass ihr wieder leben sollt« (Hes. 37, 14).

In dem Augenblick, da jemand seine Einheit mit dem unendlichen Geist erkennt, erfasst er sich selbst als ein geistiges Wesen und glaubt nicht mehr, dass er ein bloß physisches materielles Wesen sei. Er ist dann nicht mehr in dem Missverständnis gefangen, sich als einen Körper anzusehen, der allerlei Krankheiten unterworfen ist, sondern er erkennt die Tatsache, dass er Geist ist, und zwar Geist gerade insoweit, als er es sein will oder kann, und dass er der Erbauer und dadurch auch Meister des Körpers ist, in dem er lebt. Sobald er diese seine Macht als Meister über den Körper erkennt, hört er auf, diesem die Herrschaft über den

Geist einzuräumen. Nicht länger fürchtet er die Elemente oder sonstigen Kräfte, denen er seit jeher in seiner Unwissenheit gestattet hat, von seinem Körper Besitz zu ergreifen und ihn zu beeinflussen. Sobald er seine Überlegenheit über sie erkennt, statt sie zu fürchten wie damals, da er noch nicht in Harmonie mit ihnen war, wird er auch lernen, sie zu lieben. So kommt er in Harmonie zu ihnen, oder richtiger, er leitet sie so, dass sie in Harmonie zu ihm kommen. Früher war er ihr Sklave, jetzt ist er ihr Meister. Sobald wir etwas lieben, bringt es uns keinen Schaden mehr.

Es gibt heute Tausende von Menschen mit schwächlichem und leidendem Körper, die stark und gesund würden, wenn sie Gott nur Gelegenheit geben wollten, sein Werk in ihnen zu tun. Zu solchen sage ich: Schließe dich nicht ab gegen das göttliche Einströmen! Lieber alles andre als das! Öffne dich ihm, lade es ein! In dem Maß, in dem du dich ihm öffnest, wird der hereinfließende Strom eine so lebendige Kraft durch deinen Körper leiten, dass die alten Beschwerden, denen er bis heute ausgesetzt war, davor verschwinden. »Meine Worte sind Leben für die, so sie finden, und Gesundheit für alles Fleisch.«

Denke dir eine Rinne, durch die lange Zeit ein Strom schlammigen Wassers geflossen ist. Der Schlamm hat sich allmählich an den Seiten und am Boden angesammelt und sammelt sich noch weiter an, solange das schlammige Wasser durchfließt. Das musst du ändern! Lass einen Strom kristallklaren Wassers in schnellem Lauf durch die Rinne fließen, und in kurzer Zeit wird der angesammelte Schlamm fortgeführt und die Rinne vollständig gereinigt sein: Sie wird nicht mehr hässlich, sondern schön aussehen, und das sie durchfließende Wasser ist jetzt wertvoll als eine Quelle der Erfrischung, Gesundheit und Kraft für alle, die es trinken.

Ja, in dem Maß, in dem du deine Einheit mit dem unendlichen Geist des Lebens erkennst und dadurch deine in dir schlummernden Möglichkeiten und Kräfte wirksam machst, wirst du Krankheit in Wohlsein, Dissonanz in Harmonie, Leiden und Schmerz in überströmende Gesundheit und Kraft verwandeln. In dem Maß, in dem du diese Ganzheit, diese überströmende Gesundheit und Kraft in dir verwirklichst, wirst du sie auch auf alle übertragen, die mit dir in Berührung kommen; denn du darfst nicht vergessen, dass Gesundheit ebenso gut ansteckt wie Krankheit.

Ich höre die Frage: Kannst du uns etwas Greifbares über die praktische Anwendung dieser Wahrheiten mitteilen, sodass man sich den Genuss vollkommener Gesundheit verschaffen, ja sich von jeder beliebigen Krankheit heilen kann? Darauf möchte ich zunächst folgende Antwort geben: Das Wichtigste bleibt, das große durchgehende Prinzip so zu zeigen, dass jeder für sich selbst die Anwendung machen kann; das kann nicht gut einer für den andern tun.

Sodann aber möchte ich sagen: Die bloße Tatsache, dass jemand sich die Vorstellung vollkommener Gesundheit bildet, setzt lebendige Kräfte in Bewegung, die allmählich den Erfolg haben, das Vorgestellte, nämlich ebendie vollkommene Gesundheit, zu verwirklichen. Was nun das große Prinzip selbst angeht, so liegt es in seinem Wesen, dass durch die Methode der vollen Erkenntnis mehr erreicht wird als durch die Methode der bloßen Behauptung, obwohl manchem die einfache Behauptung eine Hilfe für die Erkenntnis werden und zu ihr hinführen kann.

In dem Maß, in dem wir zu einer lebendigen Erkenntnis unsrer Einheit mit dem unendlichen Geist des Lebens gelangen, in dem alles individuelle Leben seinen Ursprung genommen hat und immer noch nimmt, und in dem Maß, in dem wir uns dem göttlichen Einströmen öffnen, setzen wir Kräfte in Tätigkeit, die früher oder später auch den materiellen Leib in einen Zustand überströmender Gesundheit und Kraft bringen können. Denn dieser unendliche Geist des Lebens kennt keine Krankheit und dieser Geist ist unser Leben, wenn wir nur unsere Einheit mit ihm ganz erkennen. Durch diese Erkenntnis werden wir in den Stand gesetzt, dieses Leben so stark in uns einströmen zu lassen, dass die krankhaften Zustände des Körpers, die doch keine Ursachen, sondern bloß Wirkungen sind, dem Einfluss dieser ganz und gar vollkommenen Kraft nachgeben. Und ob dies schneller oder langsamer geschieht, hängt ausschließlich von uns selbst ab.

Es hat Menschen gegeben, die sich dieser Erkenntnis so vollkommen aufschließen konnten, dass die Heilung sofort eintrat und andauerte: Denn je tiefgreifender die Wirkung ist, desto rascher ist sie auch. Es muss freilich eine ruhige und erwartungsfreudige Bereitschaft sein, kein furchtsames, unsicheres Abwarten, das sich nichts verspricht. Andre sind erst allmählich zu dieser Erkenntnis gekommen.

Ein Verfahren, das manchem sehr nützlich werden und manchen ganz und gar heilen kann, ist folgendes: Mit friedvollem Geist, mit einem Herzen voll Liebe zu allen Wesen gehe in die Stille deines Innern und sage in Gedanken recht bestimmt: »Ich bin eins mit dem unendlichen Geist des Lebens; er ist meines Lebens Leben. Ich bin also Geist, ein geistiges Wesen, und kann meiner wahren Natur nach gar keine Krankheit kennen. Ich öffne meinen Körper, in den eine Krankheit eingetreten ist, völlig dem einfließenden Strom dieses unendlichen Lebens, und jetzt, gerade im gegenwärtigen Augenblick, strömt es herein, durchflutet meinen Körper, und der Prozess der Heilung geht vor sich.«

Denke diesen Gedanken so lebhaft, dass du spürst, wie die Lebenskräfte deinem Körper eine fühlbare Wärme mitteilen. Glaube fest, dass der Heilungsprozess jetzt eben im Gang ist, glaube es und halte beständig daran fest; aber nicht wie manche Menschen es machen, die etwas heiß ersehnen, aber trotzdem fürchten, dass etwas andres eintritt. Sie haben einen stärkeren Glauben an die Macht des Übels als an die des Guten, und deshalb bleiben sie krank.

Wer sich einer solchen Betrachtung, Erkenntnis, Behandlung, oder wie man es nennen will, zu bestimmten Zeiten, so oft er will, hingibt und dann andauernd in derselben Haltung seines Geistes verharrt und es dieser Kraft dadurch ermöglicht, andauernd zu wirken, der wird überrascht sein, wie schnell sein Körper aus dem Zustand der Krankheit und Disharmonie in den der Gesundheit und Harmonie übergeht. Aber es ist eigentlich kein Grund zu dieser Überraschung vorhanden, denn er tut hierbei nichts anderes, als dass er der allmächtigen Kraft gestattet, ihr Werk zu tun – und diese muss es schließlich doch in jedem Fall tun.

Will man bei einem Leiden lokaler Natur außer seinem ganzen Körper diesen bestimmten Teil noch ganz besonders dem Lebensstrom öffnen, so muss man seine Gedanken auf den Körperteil konzentrieren: Dadurch werden die Lebenskräfte für diesen Teil angeregt und gesteigert. Aber wir dürfen eines nicht vergessen: Wie die so erzielten Heilungen auch beschaffen sein mögen, die Wirkungen werden erst dann für immer verschwinden, wenn ihre Ursachen aus der Welt geschafft sind. Mit andern Worten: Solange ein Gesetz übertreten wird, solange werden Krankheit und Leiden die Folge sein.

Die Erkenntnis, von der wir reden, wirkt nicht bloß bei krankhaften Zuständen des Körpers, sondern sie schafft auch da, wo keine Krankheit ist, verstärkte Lebenskraft und Frische.

Zu allen Zeiten und in allen Ländern hat es Tausende von Fällen gegeben, wo durch die Wirkung innerer Kräfte völlig unabhängig von äußeren Mitteln Heilung bewirkt wurde. Die Methoden, oder richtiger die Namen der Methoden, waren verschieden, aber das ihnen allen zugrunde liegende Gesetz war damals wie heute ein und dasselbe. Als der Heiland seine Jünger aussandte, gebot er ihnen, dass sie die Kranken und Leidenden heilen und nicht bloß die Leute lehren sollten. Die ältesten Jünger hatten die Kraft der

Heilung, denn diese war, kurz gesagt, ein Teil ihrer Aufgabe.

Warum sollten aber wir heute diese Kraft nicht mehr haben, die sie besaßen? Sind etwa die Gesetze heute andre geworden? Im Gegenteil, sie sind ganz dieselben geblieben. Woher kommt es also? Einfach daher, dass wir, mit ganz seltenen Ausnahmen, unfähig sind, über den bloßen Buchstaben des Gesetzes hinauszugehen zu seinem wahren, lebendigen Geist. »Der Buchstabe tötet, aber der Geist macht lebendig.« Jeder Geist, der fähig ist, vom Buchstaben frei zu werden und zum wirklichen lebendigen Geist durchzudringen, wird dieselbe Kraft erhalten wie alle seinesgleichen vor ihm, und wenn er sie hat, so wird er zugleich der Vermittler sein, durch den sie andern mitgeteilt wird, denn auch von ihm wird gelten: »Er handelt und redet wie einer, der Vollmacht hat.«

Wir sehen heute immer deutlicher und werden es immer mehr bestätigt finden, dass, streng genommen, jede Krankheit mit ihren Leiden in verkehrten Geistes- und Gemütszuständen ihre Ursache hat. Von der geistigen Haltung, die wir einer Sache gegenüber einnehmen, hängt die Stärke ihrer Wirkung auf uns ab. Wenn wir sie fürchten oder feindselig gegen sie auftreten, so wird sie höchstwahrscheinlich einen schädlichen oder gar zerstörenden Einfluss auf uns haben. Wenn wir sie aber ruhig erkennen, innerlich unsre Überlegenheit über sie behaupten und so mit ihr in Harmonie kommen, so wird sie genau in dem Maß, in dem wir dies tun, unschädlich für uns.

Keine Krankheit kann in unsern Körper eindringen oder sich gar dort festsetzen, wenn sie nicht in ihm etwas ihr Entsprechendes vorfindet, das ihr das Eindringen und Festsetzen ermöglicht. Ebenso kann kein Übel und kein unerwünschter Zustand in unser Leben kommen, wenn nicht etwas da ist, was sie einlädt und ihr Kommen möglich macht. Je früher wir die Ursache dessen, was über uns kommt, in uns selber suchen, desto besser; denn umso früher können wir damit anfangen, uns selbst in einen solchen Zustand zu versetzen, dass überhaupt nur Gutes bei uns Einlass findet.

Während wir unserer wahren Natur nach Herr über alle Umstände sein sollten, werden wir infolge unserer Unwissenheit von fast unzähligen Umständen aller Art beherrscht.

Warum fürchte ich mich vor Zugluft? Was ist ein Zug? Ein reinigendes Wehen von Gottes reiner Luft – nichts, was mir Schaden oder eine Erkältung oder gar eine Krankheit bringen könnte. Ein solcher Luftzug kann mich nur in dem Grad beeinflussen, in dem ich es ihm selbst erlaube und möglich mache. Wir müssen zwischen wirklicher Ursache und bloßer Veranlassung unterscheiden: Der Luftzug ist keine Ursache und bringt keine solche mit sich.

Zwei Menschen sind dem selben Zugwind ausgesetzt. Der eine wird davon wirklich geschädigt, der andre empfindet ihn nicht einmal als etwas Unangenehmes, eher als einen Genuss. Der Erste ist ein willenloses Geschöpf der Umstände: Er fürchtet den Zug, schaudert vor ihm und denkt beständig an die Übel, die er von ihm erleiden könnte – mit andern Worten: Er öffnet geradezu Tür und Tor, dass diese Übel eintreten und von ihm Besitz ergreifen können; und so bringt der an sich unschädliche, ja wohltätige Luftzug ihm genau das, wozu er ihm selbst erst die Macht verliehen hat. Der andre erkennt sich selbst als Herrscher über die äußeren Umstände und weiß, dass er nicht ihr Geschöpf ist. Er kümmert sich gar nicht um den Zug, er bringt sich in Harmonie mit ihm, bejaht ihn – und so hat er gar keine Unzuträglichkeit, vielmehr einen Genuss davon. Der Wind tut ihm nicht bloß den äußeren Dienst, dass er ihm frische Luft zuführt, sondern er härtet ihn auch ab gegen alle künftigen ähnlichen Einflüsse. Wäre der Luftzug wirklich eine Ursache, so müssten die Wirkungen bei beiden Menschen die gleichen sein: Dass das nicht der Fall ist, zeigt, dass er keine wirkliche Ursache, sondern nur eine Veranlassung ist, und so bringt er für jeden die Wirkung, die den vorgefundenen Bedingungen entspricht.

Armer Zugwind! Tausend-, nein millionenmal machen die Menschen ihn zum Sündenbock, wenn sie zu unwissend oder zu parteiisch sind, um ihrer eigenen Schwäche ins Gesicht zu sehen, und so kriechende Sklaven bleiben, statt königliche Herrscher zu sein. Bedenke, was das heißt: Ein Mensch, geschaffen nach Gottes Ebenbild, Teilhaber an seinem Leben und an seiner Kraft, zum Herrschen geboren – fürchtet sich, zittert und schaudert vor einem leichten Zug, dem Wehen der reinen, Leben spendenden Luft. Aber einen Sündenbock zu haben, ist eben etwas Bequemes – und wäre es auch nur deshalb, weil wir dadurch in unsern beständigen Versuchen zur Selbsttäuschung bestärkt werden.

Der beste Weg, dem Zug die schlimme Wirkung zu nehmen, die er vielleicht für dich und mich bringt, ist folgender: Zuerst stelle in dir selbst einen reinen und gesunden Zustand her und dann ändere deine ganze geistige Stellung gegenüber dem Zug. Mache dir die Tatsache klar, dass er keine eigene Kraft hat, sondern nur so viel, wie du ihm verleihst. Auf diese Weise bringst du dich in Harmonie mit ihm und brauchst dich nicht länger vor ihm zu fürchten. Sodann setze dich einige Male dem Zug aus und härte dich gegen ihn ab: Das kann jeder mit Leichtigkeit, der vernünftig vorgeht. Aber wenn nun einer von zarter Gesundheit oder gegen Zug besonders empfindlich ist? Dann sei einfach zuerst ein bisschen vernünftig! Suche nicht gerade den allerstärksten Zug auf, den du finden kannst, besonders dann nicht, wenn du weißt, dass du ihm nicht gewachsen bist. Denn damit gestehst du ein, dass du ihn noch fürchtest. Auch hier, wie überall, muss der oberste Ratgeber in allen Lebensfragen, der gesunde Menschenverstand, gefragt werden.

Wenn wir dazu geboren sind, zu herrschen – und dass wir es sind, wird durch die Tatsache bewiesen, dass manche diese Herrschaft erlangt haben; denn was einer gekonnt hat, das vermögen früher oder später alle –, dann ist es nicht nötig, dass wir uns von irgendetwas Stofflichem beherrschen lassen. In dem Maß, in dem wir unsre irdischen Kräfte erkennen, werden wir Herrscher und können befehlen, in dem Maß, in dem wir sie nicht erkennen, werden wir Sklaven und müssen gehorchen. Wir bauen mit allem, was wir in uns selber vorfinden, wir ziehen alles an, was zu uns kommt – und das alles geschieht nach geistigen Gesetzen, denn alle Naturgesetze sind geistige Gesetze.

Alles im Menschenleben ist Ursache und Wirkung: Es gibt da so wenig einen Zufall wie überhaupt im ganzen Weltall. Du bist nicht mit allem zufrieden, was das Leben dir bringt? Dann bleibt dir nur eines: Verliere keine Zeit mit Schmähungen gegen das unbekannte Ding, das du durch deine bloße Einbildung erschaffst und Schicksal nennst, sondern blicke in dich selbst und ändere die Ursachen, die dort am Werk sind, damit aus ihnen andere Wirkungen hervorgehen; denn alles kommt genau so, wie du es verursachst. Das gilt nicht bloß vom physischen Körper, sondern von allen Formen und Bedingungen des Lebens. Alles, was kommt, kommt nur, weil wir es einladen; täten wir das nicht, so könnte es nicht kommen und käme nicht. Das mag für viele schwer zu glauben, ja schon schwer zu verstehen sein; aber in dem Maß, in dem man diesen Dingen offen und ehrlich ins Gesicht sieht und dann das stille, aber feine und – wir dürfen wohl sagen – allmächtige Wirken dieser Gedankenkräfte erforscht und ihre Wirkungen in sich und an sich selbst verfolgt, wird es einem klar, deutlich und verständlich werden.

Und schließlich hängt doch die Wirkung von allem, was uns trifft, ausschließlich davon ab, wie wir uns geistig dazu verhalten. Macht dich dies oder jenes Erlebnis unzufrieden? Nun, es macht dich bloß deshalb unzufrieden und stört dich, weil du es ihm erlaubst. Du bist dazu geboren, vollkommene Herrschaft über dein Gebiet auszuüben, und wenn du diese Macht, sei es auch nur auf kurze Zeit, freiwillig diesem oder jenem Ding abtrittst, so wirst du natürlich sein Geschöpf und Untertan.

Wenn du so leben willst, dass du durch nichts gestört wirst, was dich auch treffen mag, dann musst du zuerst deinen eigenen Wesenskern finden. In diesem Wesenskern musst du fest werden und so die Welt von innen heraus beherrschen. Wer die Umstände nicht beherrscht, der führt das Gegenteil herbei und wird von ihnen beherrscht. Finde deinen Wesenskern und lebe in ihm: Lass dich durch nichts und niemanden daraus vertreiben. Je mehr du so handelst, desto mehr wirst du finden, dass du stärker und stärker wirst. Und wie findet man seinen Wesenskern? Dadurch, dass man seine Einheit mit der unendlichen Macht erkennt und beständig in dieser Erkenntnis lebt.

Wenn du nicht von diesem deinem Kern aus alle Dinge beherrschst, wenn du dieses oder jenes Ding mit der Macht ausrüstest, dich zu stören, dann nimm die Übel und den Schaden hin, den sie bringen, aber höre auf zu schmähen, als ob nicht alle Dinge gut und wohltätig wären. »Sicherlich ist die Erde ein Ganzes für den, der selbst ein Ganzes ist; sie ist zerstückt und zerbrochen nur für den, der selbst zerstückt und zerbrochen ist.«

Wenn die Fenster deiner Seele schmutzig und mit allerlei fremden Dingen verdeckt sind, dann siehst du natürlich auch die Welt durch sie schmutzig und in Unordnung. Aber hör auf zu klagen, behalte deinen Trübsinn, dein »armes unglückseliges Ich« nur für dich, du verrätst sonst bloß, dass deine Fenster dringend notwendig etwas Bestimmtes brauchen. Aber das wisse: Dein Nächster, der seine Fenster rein hält und die ewige Sonne alles, was drinnen ist, bescheinen, und alles, was draußen ist, erleuchten lässt, der lebt in einer ganz anderen Welt als du.

Darum gehe hin und reinige deine Fenster, und statt dich

nach einer anderen Welt zu sehnen, wirst du die wunderbaren Schönheiten der gegebenen Welt erblicken. Und wenn du nicht überall in dieser Welt überschwängliche Schönheiten entdeckst, so wirst du sie sicherlich nirgendwo anders finden.

Vor eines Dichters Blicken
Wird jede Blüt' am Strauch zum Lied:
Die Straße wird zur Bühne,
Wenn Shakespeares Auge auf sie sieht.

Ebendieser Shakespeare, dessen bloßes Hinschauen diese ganze Veränderung bewirkt, hat einer seiner Gestalten die Worte in den Mund gelegt:

Nicht durch die Schuld der Sterne, lieber Brutus,
Durch eigne Schuld nur sind wir Schwächlinge.
(Jul. Cäs. I, 2)

Und sein großes Lebenswerk ist ein vollgültiger Beweis, dass er die Wahrheit wohl erkannt hatte, von der wir reden. Er gab uns ein großes Wort, das sich darauf bezieht:

Die Zweifel, die wir hegen, sind Verräter
Und stehlen uns die Güter, die wir sonst
Gewinnen könnten, eben durch die Furcht,
Sie zu verlieren.

Es gibt sicher nichts, was uns in widerwärtigere Umstände bringen könnte, als die Furcht. Wir sollten überhaupt nichts fürchten, und wir würden nichts fürchten, wenn wir zu voller Erkenntnis unseres Selbst gelangten. Ein altes französisches Sprichwort sagt:

Mancherlei Sorgen hast du vertrieben
Und die schlimmsten doch überlebt;
Aber am ärgsten hast du vor Übeln,
Die dich niemals trafen, gebebt.

Furcht und Mangel an Glauben gehen Hand in Hand: Das eine entsteht aus dem andern. Sage mir, wie stark du zur Furcht neigst, und ich will dir sagen, wie wenig Glauben du hast. Furcht ist der kostspieligste Gast, den wir bewirten können, ebenso wie Aufregung: Beide sind so kostspielig, dass niemand Mittel genug hat, um sie zufrieden zu stellen. Wir laden gerade das ein, was wir fürchten, ganz wie wir durch das entgegengesetzte geistige Verhalten die Einflüsse und Zustände herbeiführen, die wir ersehnen. Der von Furcht beherrschte Geist öffnet seine Türe gerade für die Dinge und Zustände, die er fürchtet.

»Wohin gehst du?«, fragte ein Pilger im Osten, als er eines Tages der Pest begegnete. »Ich gehe nach Bagdad, um fünftausend Menschen zu töten«, war die Antwort. Einige Tage darauf traf der Pilger die Pest wieder bei ihrer Rückkehr. »Du hast mir gesagt, du wolltest nach Bagdad gehen und fünftausend Menschen töten«, sagte er, »aber stattdessen hast du fünfzigtausend getötet.« »Nein«, antwortete die Pest, »ich habe bloß fünftausend getötet, die anderen starben vor Furcht.«

Die Angst ist imstande, jeden Muskel des Körpers zu lähmen. Sie hat Einfluss auf die Blutzirkulation und auf die normalen und gesunden Funktionen aller Lebenskräfte, sie kann den Körper starr, regungslos und zu jeder Bewegung unfähig machen.

Nicht genug, dass wir für uns selber die Dinge, die wir fürchten, geradezu herbeiziehen, wir tragen sogar für andere dazu bei, dass bei ihnen gerade die Dinge eintreten, die wir für sie fürchten. Und zwar geschieht das ganz im Verhältnis zu der Stärke unserer Gedanken und zu dem Grad unserer Empfänglichkeit, je nachdem wie fein besaitet und darum leicht durch Gedanken zu beeinflussen wir sind. Hieran ändert auch der Umstand nichts, dass bei uns oder bei denen, für die wir fürchten, diese Gedanken unbewusst bleiben.

Kinder, besonders ganz kleine, sind im Allgemeinen empfänglicher für Einflüsse ihrer Umgebung als Erwachsene. Manche sind fast wie empfindliche Platten, auf denen jede Einwirkung sofort sichtbar wird, und wenn sie dann heranwachsen, so nehmen sie diese Einwirkungen in sich auf. Wie außerordentlich sorgfältig sollten daher all diejenigen, denen Kinder anvertraut sind, auf ihre eigenen geistigen Zustände achten! Besonders eine Mutter kann in der Zeit, da das Kind in ihr sich bildet und jeder Gedanke, jeder Geistes- und Gemütszustand ganz unmittelbar auf das Ungeborene einwirkt, gar nicht sorgfältig genug sein. Ebenso müssen die Eltern sich in Acht nehmen, an ein jüngeres oder älteres Kind nicht mit lebhafter Angst zu denken: Dies geschieht manchmal aus übermäßiger Sorgfalt, die mindestens ebenso schlimm ist wie Vernachlässigung.

Ich weiß eine ganze Anzahl von Fällen, wo jemand sich für ein Kind so fortgesetzt geängstigt hat, dass gerade das, wovor er sich fürchtete, zu dem Kind herangezogen wurde, während es ohne diese Ängstlichkeit wahrscheinlich gar nicht eingetreten wäre. Sehr oft ist gar kein genügender Grund zu dieser Ängstlichkeit da; aber auch wenn einer vorhanden wäre, so ist es viel weiser, gerade die entgegengesetzte Geisteshaltung einzunehmen: Dadurch werden die Kräfte, die am Werke sind, entschärft. Dann aber müssen wir das Kind mit weisen und kräftigen Gedanken umgeben, die es fähig machen, den Übeln zu begegnen und, statt sich von ihnen bezwingen zu lassen, Herr über sie zu werden.

Erst vor wenigen Tagen erzählte mir ein Freund eine Erfahrung, die er in seinem eigenen Leben auf diesem Gebiet gemacht hat. Er sollte sich eine bestimmte Gewohnheit abgewöhnen: Wenn dies erreicht wäre, sollte er seine Braut heiraten dürfen. Während der Zeit, da er den schweren Kampf kämpfte, dachten seine Mutter und seine Braut mit so beständiger Angst an ihn, dass der im höchsten

Grad empfindsam geartete Mann unaufhörlich den niederdrückenden und schwächenden Einfluss ihrer mutlosen Gedanken fühlte. Er konnte immer ganz genau sagen, wie sie für ihn empfanden, denn ihre Angst, ihr Fragen, ihr Misstrauen beeinflusste und schwächte ihn fortwährend. Die Folge war, dass ihm das Gefühl der eigenen Kraft immer mehr schwand und er immer mutloser wurde. Statt ihm Mut und Kraft einzuflößen, brachten sie ihm so seine eigene Schwäche und die Fruchtlosigkeit seines Kampfes immer mehr zu Bewusstsein.

Die zwei Menschen, die ihn zärtlich liebten und alles und jedes getan hätten, um ihm zum Sieg zu verhelfen, wussten nichts von der stillen, feinen, immer wirksamen und überall den Ausschlag gebenden Macht der Gedankenkräfte; und statt seinen Mut und seine Kraft zu stärken, raubten sie sie ihm und fügten zu seiner inneren Schwäche noch eine Schwächung von außen hinzu. Dadurch wurde aber der Kampf für ihn ums Dreifache schwerer. Furcht, Aufregung und alle ähnlichen Gemütszustände sind zu gefährliche Gäste für den Menschen, er sei Mann, Frau oder Kind, als dass er sich mit ihnen einlassen dürfte. Die Furcht lähmt jede gesunde Tätigkeit des Körpers, die Aufregung zerreibt und zerbricht den Organismus und zerstört ihn schließlich ganz. Man gewinnt nie etwas durch sie, aber man kann alles durch sie verlieren. Ebenso geht es mit lange andauerndem Kummer über einen Verlust. Jede solche Gemütsbewegung bringt eine besondere Art von Leiden mit sich. Übertriebene Gewinnsucht oder alles zusammenscharrender Geiz haben ähnliche Wirkungen. Ärger, Eifersucht, Bosheit, beständiges Kritteln, starke Begierden – all das wirkt je nach seiner Art aufreibend, schwächend und zerstörend auf den Organismus.

Wir werden sehen, dass Gerechtigkeit im Sinn eines Lebens in Harmonie mit den höchsten Gesetzen nicht bloß Glück und Wohlergehen, sondern ebenso sicher auch körperliche Gesundheit im Gefolge hat. Der große hebräische Weise beschreibt diese wunderbare Chemie des Lebens treffend, wenn er sagt: »Gerechtigkeit fördert zum Leben, aber dem Übel nachjagen, fördert zum Tode«; und ebenso: »Auf dem Weg der Gerechtigkeit ist Leben und auf ihrem gebahnten Pfad ist kein Tod« (Spr. 11, 19 und 12, 28). Die Zeit wird kommen, wo man einsieht, dass diese Worte viel mehr in sich enthalten, als die meisten Menschen heute auch nur zu denken wagen. »Es steht bei dem Menschen selbst, ob seine Seele in einem stattlichen Haus von immer zunehmender Herrlichkeit und Schönheit wohnen soll oder in einer elenden selbstgebauten Hütte, die in Trümmer fällt und dem Untergang geweiht ist.«

Eine fast unzählbare Menge von Menschen, die ein einseitiges und unausgeglichenes Leben führt, sieht jedes Jahr ihren Körper infolge solcher Einflüsse geschwächt werden und dahinsiechen, lange ehe seine Zeit gekommen ist. Arme Häuser! Bestimmt, herrliche Tempel zu sein, werden sie von ihren unwissenden, gedankenlosen und irregeführten Bewohnern der Zerstörung geweiht. Arme Häuser!

Wenn wir die Macht der Gedankenkräfte genauer beobachten und sorgfältiger erforschen, werden wir in der Stimme, den Bewegungen und dem Gesichtsausdruck eines Menschen Wirkungen erkennen, von denen wir auf den gewohnheitsmäßigen Geisteszustand des Betreffenden als Ursache zurückschließen können; und wir werden ebenso imstande sein, wenn wir den gewohnheitsmäßigen Zustand des Geistes eines Menschen kennen, daraus eine Beschreibung seiner Stimme, seiner Bewegungen und seines Gesichtsausdrucks ebenso wie der besonderen körperlichen Leiden zu geben, von denen der Betreffende heimgesucht wird.

Es gibt gute Autoritäten, die Folgendes behaupten: Wenn wir den menschlichen Körper und seinen Bau erforschen, wenn wir ferner die Zeit, die er zu seiner vollen Entwicklung braucht, mit der entsprechenden Zeit bei verschiedenen Tieren vergleichen und dann das Verhältnis dieser Zeit zur ganzen Lebensdauer berechnen, werden wir finden, dass das normale Alter des Menschen hundertzwanzig Jahre betragen sollte, also viel mehr, als gewöhnlich erreicht wird. Man denke nun an die vielen Menschen, deren Körper lange vorher altert, schwach wird und zusammenbricht, ehe sie eine Stufe erreichen, die eigentlich ein frisches und kräftiges mittleres Alter darstellen sollte.

Da nun die normale Dauer des Lebens derart verkürzt ist, so kommt es dahin, dass die ganze Menschheit glaubt, diese abgekürzte Dauer sei die normale. Die Folge davon ist, dass viele beim Eintritt in ein bestimmtes Alter – weil sie sehen, dass der Mensch in der Regel in diesen Jahren Spuren des Altwerdens zeigt und es, wie man sagt, bergab geht – denken, das müsse so sein, auch bei ihnen: Gerade durch diese Meinung aber führen sie einen solchen Zustand für sich selbst herbei, lange bevor es eigentlich nötig wäre. Fein und kräftig sind die Einflüsse des Geistes beim Aufbau und bei der Erneuerung des Körpers; wenn wir sie einmal besser verstehen, könnte es für uns Menschen wohl zur Regel werden, dass wir dem ersten Jahrzehnt unsres zweiten Jahrhunderts mit Vergnügen entgegensehen.

Ich denke eben an eine Freundin, eine Frau nahe den Achtzigern. Die meisten werden sie eine alte Frau nennen, besonders diejenigen, die das Alter einfach nach der Zahl der Jahre schätzen, die seit der Geburt verstrichen sind. Aber diese Frau alt zu nennen, wäre so viel wie Schwarz Weiß zu heißen. Sie ist nicht älter als ein Mädchen von fünfundzwanzig Jahren, ja sie ist sogar jünger – so darf ich sagen, oder so muss ich leider sagen, je nach dem Gesichtspunkt, von dem aus man die Sache betrachtet – als die meisten Mädchen dieses Alters. Überall, in Menschen und Dingen, hat sie das Gute gesucht und überall hat sie es gefunden. Ihr Leben lang war dieselbe Frische ihres Gemüts und ihrer

Stimme für sie bezeichnend, die jetzt noch alle Menschen anzieht und sie für alle Menschen so anziehend macht. Und damit hat sie wiederum Hunderten und Tausenden von Menschen Frische, Hoffnung, Mut und Kraft geschenkt und wird dies offenbar noch viele Jahre tun.

Keine Furcht, keine Aufregung, kein Hass, keine Eifersucht, keine Sorge, keine Begierde, keine schmutzige Gewinnsucht hat je in den Bereich ihrer Gedanken Eingang gefunden. Die Folge davon ist, dass ihr Geist von diesen abnormen Zuständen frei blieb und deshalb auch in ihrem Körper keine von den verschiedenartigen physischen Leiden hervorrief, die die große Mehrzahl der Menschen mit sich herumschleppt – wobei die Leute noch in ihrer Unwissenheit meinen, das sei natürlich und sie müssten sie nach der ewigen Ordnung der Dinge mit sich schleppen. Sie hat in ihrem Leben verschiedene Erfahrungen gemacht, und all diese Dinge hätten leicht in den Bereich ihres Geistes und damit in ihr Leben Eingang finden können, wenn sie so unwissend gewesen wäre, sie eintreten zu lassen. Aber sie war im Gegenteil weise genug, einzusehen, dass sie wenigstens in einem Reich unbeschränkte Herrscherin sei, im Reich ihrer Gedanken, und dass sie allein zu bestimmen habe, was da eintreten dürfe und was nicht. Sie weiß, dass, wenn sie hier befiehlt, sie damit über ihr ganzes Leben bestimmt. Es ist in der Tat eine Freude und wirkt begeisternd, sie zu beobachten, wo sie auch geht, ihr sonniges Gemüt und ihren jugendlichen Gang zu sehen und ihr frohes Lachen zu hören. Wahrlich, Shakespeare wusste, was er sagte:

»Es ist der Geist, der seinen Körper reich macht.«

Mit großer Freude sah ich ihr neulich nach, wie sie auf der Straße ging. Hier stand sie still, um mit einigen Kindern zu sprechen, die am Wege spielten, um so einen Anteil an ihrem Leben zu bekommen; dort beschleunigte sie ihre Schritte, um einer Waschfrau etwas zu sagen, die ein Bündel

Wäsche trug; jetzt machte sie wieder Halt, um mit einem Arbeiter zu sprechen, der mit seinem Essgeschirr von der Arbeit kam; dann erwiderte sie den Gruß einer Dame in einem Wagen, und so teilte sie allen, mit denen sie in Berührung kam, etwas von ihrem reichen Leben mit.

Ein günstiger Zufall fügte es, dass, gerade während ich diese Frau beobachtete, eine alte Dame an ihr vorbeikam, diesmal wirklich alt, obwohl sie wenigstens zehn bis fünfzehn Jahre jünger war, wenn man nur die Lebensjahre zählt. Trotzdem war sie gebeugt und steif in Gelenken und Muskeln. Ihr Gesicht trug den Ausdruck stummen Trübsinns und lang anhaltenden Grams: Das wurde noch verzehnfacht durch eine schwarze, düstere Kopfbedeckung mit einem ungeheuren, schweren Schleier, der womöglich noch düsterer aussah; auch ihr Kleid war von ähnlicher Art. Dieser Anzug, ein Überbleibsel aus barbarischer Zeit, zusammen mit ihrem Gemütszustand und seinem Ausdruck, verkündeten der ganzen Welt fortwährend zwei Dinge: einmal ihre persönlichen Sorgen und Schmerzen, die sie auf diese Weise auch immer frisch und lebendig erhielt, und sodann ihren Mangel an Glauben an die ewige Güte aller Dinge, an die Liebe und ewige Güte des unendlichen Vaters.

Ausschließlich von den Gedanken an ihre eigenen Leiden und Sorgen eingehüllt, konnte sie keine Freude, keine Hoffnung, keinen Mut empfangen und ebenso wenig solche austeilen, und so besaß sie nichts Wertvolles für die, denen sie begegnete und mit denen sie in Berührung kam. Im Gegenteil, sie übertrug ihren eigenen Gemütszustand auf die andern und verstärkte bei ihnen die Düsterkeit, die sich ohnehin leider nur allzu häufig im menschlichen Leben findet. Als sie an unsrer Freundin vorüberging, konnte man bei ihr eine leichte Wendung des Kopfes wahrnehmen, die im Verein mit ihrem Gesichtsausdruck zu sagen schien: »Deine Kleidung und dein Betragen ist nicht ganz passend für eine Dame in deinen Jahren!« Allerdings nicht, Gott sei

Dank! Möge Gott in seiner großen Güte und Liebe uns noch recht viele Menschen von dieser seltenen Art senden, und möchten sie tausend Jahre zum Segen für die Menschheit leben, um den Leben spendenden Einfluss ihres eigenen königlichen Lebens all den Unzähligen zuteil werden zu lassen, die ihn so nötig brauchen können.

Willst du immer jung bleiben und den Frohsinn und das Überquellende der Jugend in deine reiferen Jahre mitnehmen? Dann achte auf eines: wie du in deiner Gedankenwelt lebst. Dadurch wird alles andre bestimmt. Gautama, der erleuchtete Buddha, hat gesagt: »Der Geist ist alles; was du denkst, das wirst du.« Und dasselbe meint Ruskin, wenn er sagt: »Mache dich zu einer Herberge schöner Gedanken. Niemand unter uns weiß bis jetzt – denn noch niemand hat es in früher Jugend gelernt –, was für Feenschlösser wir mit schönen Gedanken erbauen könnten, die gegen alle Widerwärtigkeiten Sicherheit böten.« Und möchtest du alle Elastizität, Kraft und Schönheit deiner jungen Jahre in deinem Körper bewahren? Bewahre sie in deinem Geiste, indem du keinem unreinen Gedanken Einlass gewährst, dann werden sie auch an deinem Körper in Erscheinung treten, und du wirst finden, dass auch dein Körper deinen Geist unterstützt, denn der Körper hilft dem Geist so gut wie der Geist dem Körper.

Du bist fortwährend damit beschäftigt, solche Zustände zu schaffen und an deinem Körper hervorzurufen, die deinen Gedanken und Gefühlen verwandt sind. Und nicht genug, dass du von innen heraus aufbaust, du ziehst auch unaufhörlich von außen Kräfte verwandter Art an. Die Gedanken, die in dir lebendig sind, verknüpfen dich mit ähnlichen Gedanken, die von außen an dich herankommen. Wenn deine Gedanken düster, furchtsam und verzweifelt sind, dann setzen sie dich mit denselben Gedanken draußen in Verbindung.

Umgekehrt, wenn deine Gedanken derart sind, so hast du

dich vielleicht unbewusst und allmählich mit ihnen in Verbindung gesetzt. Deshalb musst du gleichsam zurückgeben und einen Teil deiner kindlichen Natur mit ihrer sorglosen und heiteren Art wieder aufnehmen. »Eine Gruppe spielender Kinder leitet unbewusst einen Strom froher Gedanken auf ihre Körper. Nimm ein Kind aber abseits und beraube es seiner Spielgefährten, so wird es bald träumerisch und in seinen Bewegungen langsam werden. Es ist von jedem Gedankenstrom abgeschnitten und ganz buchstäblich nicht mehr in seinem Element.«

Du musst diesen Strom froher Gedanken wieder in dich hineinbringen, nachdem du dich allmählich von ihm abgewandt hast. Glaube nicht, du seist zu ernst oder zu düster geworden, zu sehr von den ernsten Angelegenheiten des Lebens in Anspruch genommen: Du kannst sehr wohl fröhlich sein, ohne kindisch oder einfältig zu werden. Du kannst deine Arbeit nur umso besser tun, wenn du, während dein Geist sich mit ihr beschäftigt, in froher Stimmung bist. Ein fortwährend ernster und düsterer Gemütszustand kann nur üble Folgen haben: Bei manchen hält er so lange an, dass es ihnen wirklich schwer wird, auch nur zu lächeln.

Mit achtzehn oder zwanzig Jahren bist du aus der fröhlichen Stimmung der Jugend herausgetreten und hast dich der ernsten Seite des Lebens zugewandt. Du hast irgendeine Arbeit angefangen: Aber eben damit kamst du auch mehr oder weniger in die Sorge, Aufregung und Verantwortlichkeit hinein, die so etwas mit sich bringt. Oder du bist als Mann oder Frau in einen Lebensabschnitt getreten, der Sorgen und Schwierigkeiten mit sich brachte. Oder du verwickeltest dich in eine Hetzjagd von Geschäften, die dir keine Zeit zum Spielen übrig ließ. Da du nun mit älteren Leuten in Berührung kamst, hast du die ihrem Alter entsprechenden Gedanken, ihre uhrwerkmäßige Art zu denken, ihre Irrtümer in dich aufgenommen, ohne weiter zu fragen, ja ohne nur an die Frage zu denken, ob das denn auch richtig sei. Durch all das hast du einen Strom schwerfälliger, sorgenvoller Gedanken in dich einfließen lassen und bist selbst unwissentlich ganz in diesen Strom hineingekommen. Diese Gedanken sind dir buchstäblich »in Fleisch und Blut übergegangen«: Das, was an deinem Körper sichtbar wird, ist der Niederschlag oder die Kristallisierung unsichtbarer Elemente, die unaufhörlich aus deinem Geist in deinen Körper übergeströmt sind. Jahre vergehen, und nun findest du, dass deine Bewegungen steif und schwerfällig geworden sind, dass du nur mit großer Schwierigkeit mehr auf einen Baum klettern kannst, was du mit vierzehn Jahren so oft getan hast. Es war dein Geist, der die ganze Zeit hindurch auf deinen Körper solche schwerfälligen, unelastischen Elemente übertragen hat, durch die er so geworden ist, wie er jetzt ist.

»Die Veränderung zum Besseren muss ebenfalls allmählich vor sich gehen und kann nur dadurch bewirkt werden, dass ein gleichmäßig starker Gedankenstrom zu wirken anfängt: Dies geschieht, wenn du die höchste Macht bittest, dich auf den rechten Weg zu leiten, wenn du deinen Geist von den mancherlei ungesunden Gedanken abziehst, die gewohnheitsmäßig, ohne dein Wissen, in ihn eingeströmt sind, und ihn auf bessere lenkst.

Wie manche Tierarten, so ist auch das Menschengeschlecht in der Vergangenheit körperlich schwächer geworden. Das muss aber nicht notwendig so weitergehen. Wenn die geistige Erkenntnis zunimmt, wird man die Ursache dieser Schwächung entdecken und finden, wie man ein Gesetz oder eine Kraft dazu benützen kann, Neues aufzubauen, unsern Körper zu erneuern und ihn immer mehr zu kräftigen, statt dass man wie bisher dieses Gesetz oder diese Kraft blindlings dazu verwendet, ihn zu schwächen und schließlich zu zerstören.«

Gesundheit, vollkommene, reiche und überströmende Gesundheit ist der normale und natürliche Zustand des

Lebens. Alles andre ist abnorm. Abnorme Zustände aber rühren in der Regel von irgendeiner Verkehrtheit her. Gott hat niemals Krankheit und Leiden geschaffen: Sie sind ausschließlich Schöpfungen des Menschen. Sie entstehen dadurch, dass er die Gesetze verletzt, nach denen er leben sollte. Wir aber sind so an ihren Anblick gewöhnt, dass wir allmählich dazu kommen, sie wenn nicht als den normalen Zustand, so doch als etwas ganz Natürliches anzusehen.

Die Zeit wird kommen, wo die Tätigkeit des Arztes nicht darin besteht, den Körper zu behandeln und zu heilen, sondern den Geist zu heilen, der dann seinerseits den Körper heilen wird. Mit andern Worten, der rechte Arzt wird ein Lehrer, und seine Sorge wird es sein, die Menschen gesund zu erhalten und nicht erst, wenn sie krank geworden sind, ihre Heilung zu versuchen. Noch später aber wird eine Zeit kommen, wo jeder sein eigener Arzt ist. Je mehr wir mit den höheren Gesetzen des Lebens in Übereinstimmung kommen und mit den Kräften des Geistes bekannt werden, desto weniger wird uns unser Körper zu schaffen machen. Er wird uns weniger zu schaffen machen, sage ich, nicht wir werden uns weniger um ihn kümmern.

Gib dem Körper Nahrung, Bewegung und frische Luft, so viel er braucht, und dann denke so wenig wie möglich an ihn. Verweile in deinen Gedanken und Gesprächen niemals bei der negativen Seite. Sprich nie von Krankheit, denn dadurch schädigst du dich selber und die, die dir zuhören. Sprich nur von solchen Dingen, die deine Zuhörer besser zu machen geeignet sind. Dadurch wirst du sie mit Gesundheit und Stärke anstecken und nicht mit Krankheit und Schwäche.

Sich bei der negativen Seite der Dinge aufzuhalten, ist immer schädlich: Das gilt für den Körper so gut wie für alles Übrige. In diesem Zusammenhang sind die Worte eines Mannes wertvoll und von Bedeutung, der seine vorzügliche Ausbildung als Arzt noch durch ausgedehnte Studien und Beobachtungen über die Wirkungen der inneren Kräfte vervollständigt hat. Er sagt: »Durch Betrachtungen über Krankheit können wir niemals gesund werden, so wenig wie man durch Nachdenken über die Unvollkommenheit und Disharmonie vollkommen und harmonisch wird. Wir müssen umgekehrt stets ein hohes Ideal von Gesundheit und Harmonie vor unser geistiges Auge stellen ...

Sprich niemals etwas über dein Befinden, wovon du nicht wünschen kannst, dass es sich verwirkliche. Halte dich nicht bei deinen Leiden auf und studiere ihre Symptome nicht. Lass dich nie zu der Überzeugung bringen, dass du nicht mehr völlig Herr deiner selbst seist. Betone trotzig deine Überlegenheit über körperliche Übel und gib niemals zu, dass du der Sklave irgendeiner untergeordneten Macht seist ... Man sollte schon den Kindern in frühester Jugend zeigen, wie sie durch gesunde Denkgewohnheiten, hohe Gedanken und Reinheit des Lebens einen starken Schutzwall gegen Krankheit in sich aufrichten können. Man sollte sie lehren, dass sie alle Gedanken an den Tod, alle Vorstellungen von Krankheit, alle unharmonischen Empfindungen wie Hass, Bosheit, Rachsucht, Neid und Sinnlichkeit als direkte Versuchung zum Bösen abweisen müssen. Man sollte ihnen die Überzeugung beibringen, dass schlechtes Essen und Trinken und schlechte Luft das Blut verschlechtern und dass schlechtes Blut das Gewebe, schlechtes Fleisch die Sitten schlecht macht, dass gesunde Gedanken für die Gesundheit des Körpers genauso unerlässlich sind wie reine Gedanken für die Reinheit des Lebens. Man sollte sie anweisen, ihre Willenskraft zu stärken und sich gegen die Feinde des Lebens auf alle mögliche Weise hart zu machen. Die Kranken sollte man ermuntern, Hoffnung, Vertrauen und guten Mut zu haben. Unsere Gedanken und Vorstellungen sind die einzigen Schranken für das, was uns möglich ist. Nie wird das Glück oder die Gesundheit eines Menschen größer sein als sein Vertrauen; unsere Schranken errichten wir uns ganz allein selber.

Gleiches bringt Gleiches hervor, das geht durch die ganze Welt. Hass, Neid, Bosheit, Eifersucht, Rachsucht – alle haben ihre Nachkommen. Jeder schlechte Gedanke erzeugt einen andern, und alle bringen unaufhörlich ihresgleichen hervor, bis unsere Welt mit ihrer Sippe angefüllt ist. Der wahre Arzt und Erzieher der Zukunft wird nicht sowohl den Körper mit Medizin als vielmehr den Geist mit Grundsätzen behandeln. Die künftige Mutter wird ihr Kind lehren, das Fieber des Zorns, des Hasses, der Bosheit mit dem großen Allheilmittel der Welt, mit Liebe, zu heilen. Der künftige Arzt wird die Menschen lehren, dass Frohsinn, Wohlwollen und edle Taten auf den Körper ebenso wohltätig wirken wie auf den Geist und dass ein frohes Herz die beste Arznei ist.«

Die Gesundheit deines Körpers hängt ebenso wie die Gesundheit und Stärke deines Geistes ganz davon ab, womit du dich in Verbindung setzt. Jener unendliche Geist und Quell allen Lebens kennt seiner Natur nach, wie wir gesehen haben, keine Schwäche und keine Krankheit. Darum tritt ein in die volle, bewusste und lebendige Verwirklichung deiner Einheit mit diesem unendlichen Leben, öffne dich seinem reichen Einströmen, dann wirst du volle und immer erneute Gesundheit und Stärke auch für deinen Körper erlangen.

Mög' alles Böse fliehen vor dem Guten
Und jede Schwäche weichen vor der Kraft:
Denn der Gedanke formt des Menschen Wesen,
Wenn endlich er mit Gott sich Einheit schafft.

Man kann alles zusammenfassen in dem einen Satz: »Gott ist gesund, und so bist du es auch.« Du musst nur dein wahres Wesen erkennen. Wenn diese Erkenntnis da ist, dann wirst du die Kraft haben, den Zustand deines Körpers selbst zu bestimmen, und du wirst auch wissen, dass du diese Kraft hast. Dazu musst du aber deine Einheit mit dem unendlichen Geist erkennen und verwirklichen. Dann wird Gottes

Wille dein Wille und dein Wille Gottes Wille, und »alle Dinge sind möglich bei Gott« (Mark. 10, 27). Wenn wir einmal imstande sind, jede Vorstellung abzulegen, dass wir von Gott getrennt seien, und fortwährend in wirklicher Einheit mit ihm zu leben, dann werden nicht bloß unsere körperlichen Krankheiten und Schwächen, sondern alle Schranken auf allen Gebieten verschwinden.

Dann wird es heißen: »Habe deine Lust an dem Herrn, der wird dir geben, was dein Herz wünscht« (Psalm 37,4). Dann wird dir zumute sein, als ob du immer sprechen könntest: »Das Los ist mir gefallen aufs Liebliche, mir ist ein schön Erbteil geworden« (Psalm 16,6). Gib den Glauben auf, dass es erst in Zukunft mit dir gut werden wird; tritt jetzt in das wahre Leben ein, und du wirst alles Gute schon jetzt erlangen und verwirklichen. Bedenke, dass nur das Beste gut genug ist für den, der ein so königliches Erbe sein Eigen nennen darf wie du.

6 Das Geheimnis, die Macht und die Wirkungen der Liebe

Gott ist der Geist der unendlichen Liebe. Sobald wir unsre Einheit mit ihm erkennen, werden wir dergestalt mit Liebe erfüllt, dass wir in allem nur das Gute sehen. Und wenn wir innewerden, dass wir alle mit diesem unendlichen Geist eins sind, dann verstehen wir auch, dass wir alle untereinander eins sind. Gelangen wir aber zur Erkenntnis dieser Tatsache, dann können wir niemanden und nichts mehr verletzen: Wir sehen, dass wir alle Glieder eines großen Leibes sind, und »so ein Glied leidet, so leiden alle Glieder mit« (l. Kor. 12, 26).

Wenn wir die große Wahrheit der Einheit allen Lebens ganz erkennen, – dass alle aus dieser einen unendlichen Quelle schöpfen und dass das Leben in allen Einzelnen ein und dasselbe ist, dann verschwinden alle Vorurteile und aller Hass flieht; Liebe wächst und herrscht uneingeschränkt. Und wohin wir dann gehen, wo und wann wir auch mit unsrem Nächsten in Berührung kommen, wir sind imstande, Gott in ihm zu erkennen. Wir schauen dann nur nach dem Guten aus und finden es. Das lohnt sich immer.

Eine tiefe wissenschaftliche Wahrheit liegt dem Wort zugrunde: »Wer das Schwert nimmt, der soll durch das Schwert umkommen« (Matth. 26, 52). Wenn wir die durchdringende Macht der Gedankenkräfte erkennen, so sehen wir Folgendes: Wen wir hassen, der spürt die Wirkung dieser von uns ausgehenden teuflischen Kräfte, und sie erregen auch in ihm Gedanken des Hasses, die dann wiederum auf uns, ihre ursprünglichen Aussender, zurückwirken. Erkennen wir die Wirkungen, die die Leidenschaft, sei es Hass oder Zorn, sogar auf den körperlichen Organismus ausübt, dann sehen wir auch, wie schädlich und kostspielig solche Leidenschaften sind. Dasselbe gilt für alle verwandten Gedanken und Leidenschaften, Neid, Tadelsucht, Eifersucht, Hohn. Zuletzt werden wir immer finden, dass, wenn wir derartige Gefühle gegen andere hegen, wir selbst mehr unter ihnen zu leiden haben als die anderen.

Und wenn wir ganz verstehen, dass Selbstsucht die Wurzel des Irrtums, jeder Sünde und jedes Verbrechens ist und dass aller Selbstsucht Unwissenheit zugrunde liegt, wie mild werden wir dann jedes Tun beurteilen! Wer seine eigenen Zwecke auf Kosten des größeren Ganzen durchsetzen will, der ist ein unwissender Mensch. Der Selbstsüchtige ist also ein Unwissender. Der wahrhaft weise Mann dagegen ist niemals selbstsüchtig. Er ist ein Seher und so sieht er klar und deutlich, dass er nur ein einzelnes Glied an einem großen Organismus ist und also auch nur im Zusammenhang mit diesem ganzen Organismus gedeihen kann. So sucht er nichts für sich selbst, was er nicht zugleich für alle erstrebt.

Wenn also jedem Irrtum, jeder Sünde und jedem Verbrechen Selbstsucht zugrunde liegt und diese Selbstsucht wieder auf Unwissenheit beruht, dann bleibt uns nur eins: Um dem Höchsten, was in uns ist, treu zu bleiben, müssen wir in jedem Menschen, der uns begegnet, das Gute suchen und wecken, auch wenn dieser Mensch sich selbstsüchtig und unwissend zeigt. Wenn Gott zu Gott spricht, so antwortet Gott und zeigt sich als Gott. Wenn aber der Teufel zum Teufel spricht, so antwortet der Teufel und – der Teufel ist immer los.

Man hört so manchen sagen: »Ich sehe nichts Gutes an diesem Menschen!« Wirklich nicht? Dann bist du kein Seher! Blick tiefer und du wirst Gott selber in jeder Menschenseele finden. Aber bedenke: Nur ein Gott kann Gott erkennen. Christus wandte sich immer an das Höchste, Wahrste und Beste im Menschen. Er kannte und erkannte den Gott in jedem, weil er ihn in sich selbst gefunden hatte. Er aß mit Zöllnern und Sündern. »Abscheulich!«, sagten die Schriftgelehrten und Pharisäer. Sie waren in ihrem Hochmut, in ihrem Auf-sich-selbst-gestellt-Sein und deshalb in ihrer Unwissenheit so verstockt, dass sie den Gott in sich selbst nie fanden: Darum fiel es ihnen auch nicht ein, dass dieser Gott das wahre Leben sogar der Zöllner und Sünder war.

Je nachdem, ob wir von jemandem Übles oder Gutes denken, beeinflussen wir ihn im Üblen oder Guten. In dem Maß, in dem er feinnervig beschaffen oder in seiner Persönlichkeit nicht recht gefestigt und so den Einflüssen fremder Gedankenkräfte ausgesetzt ist, wird er unter ihnen zu leiden haben: Auf diese Weise werden wir an ebendem Bösen mitschuldig, das wir von einem andern denken. Ebenso bestärken wir einen Menschen, über den wir rechte, gute und wahre Gedanken hegen, ebendadurch in Rechtschaffenheit, Güte und Wahrheit und üben so einen höchst wohltätigen Einfluss auf ihn aus. Wenn unser Herz Liebe für alle empfindet, mit denen wir in Berührung kommen, so erfüllen wir diese selbst mit Liebe, und derselbe veredelnde und wärmende Einfluss der Liebe kommt von ihnen zu uns zurück. Es liegt ein tief wissenschaftlicher Grundsatz dem Gebot zugrunde, dass, wenn wir von allen geliebt sein wollen, wir zuerst alle lieben müssen.

In dem Maß, wie wir lieben, werden wir geliebt werden. Gedanken sind Kräfte, jeder schafft seinesgleichen, jeder kommt zurück mit der Wirkung, die ihm entspricht und deren Ursache er ist.

> Auch deine heimlichsten Gedanken seien rein:
> Sie sind voll Kraft und wirken im Verein,
> Dass Wort und Schicksal sich nach ihnen formen:
> So wunderbar und fein sind Gottes Normen.

Ich weiß keine bessere Art zu leben als die eines Freundes von mir, der sich beständig in einem solchen Geisteszustand hält, dass er fortwährend seine Liebe in Form von Gedanken aussendet: »Du liebe ganze Welt, ich liebe dich!« Und wenn wir die Tatsache begreifen, dass jeder Gedanke unabänderlich eine Wirkung ausübt, ehe er zurückkehrt oder aufhört, so verstehen wir auch, dass dieser Mann beständig Segen ausströmt, nicht bloß auf die, mit denen er in Berührung kommt, sondern auf die ganze Welt. Dieselben Liebesgedanken, noch dazu in mancherlei Weise verstärkt, kommen fortwährend von allen Seiten zu ihm zurück.

Sogar Tiere fühlen die Wirkung dieser Kräfte. Viele Tiere sind feinfühliger geartet als so mancher Mensch, deshalb empfinden sie die Wirkungen unserer Gedanken, unserer Geisteszustände und Gefühle viel eher und stärker als ein Mensch. Wenn wir also ein Tier treffen, können wir es wohltätig beeinflussen, indem wir solche Liebesgedanken zu ihm aussenden. Es empfindet die Wirkungen dieser Gedanken, gleich ob wir sie bloß hegen oder sie auch aussprechen. Und es ist höchst merkwürdig zu beobachten, wie schnell es darauf eingeht und wie rasch es ein Zeichen davon gibt, dass es diese Liebe und Rücksicht von unserer Seite dankbar empfindet.

Welcher Segen und welche Freude wäre es, in einer Welt zu leben und zu wandeln, in der wir nur Göttern begegneten. Aber in einer solchen Welt kannst du leben und kann ich leben, wenn wir nur wollen. Denn je mehr wir zu dieser hohen Erkenntnis kommen, desto mehr sehen wir bloß Gott in den Seelen: Und wenn wir so imstande sind, ihn in jedem Menschen zu sehen, dem wir begegnen, so leben wir wirklich in einer Welt, in der wir nur Göttern begegnen.

Und wenn wir derart Gott in jedem erkennen, dann verhelfen wir durch ebendiese Erkenntnis auch dazu, ihn mehr und mehr in jedem zu verwirklichen. Welch kostbares Recht, das du und ich da haben! Jenes heuchlerische Richten über andere ist also etwas, mit dem wir nichts zu tun haben können; denn wir haben die Kraft, hinter dem sich entwickelnden wandelbaren und irrenden Selbst das wahre, unveränderliche und ewige Selbst zu erblicken, das allmählich in seiner vollen Schönheit und Heiligkeit hervortreten wird. Wir werden dann auch groß genug, um einzusehen, dass, wenn wir einen andern verdammen, wir ebendadurch uns selber verdammen.

Diese Erkenntnis erfüllt uns dergestalt mit Liebe, dass sie beständig überströmt und alle, mit denen wir in Berührung kommen, ihren erwärmenden und Leben spendenden Einfluss spüren. Diese senden dann dasselbe Gefühl der Liebe wieder zu uns zurück, und so ziehen wir von überall her Liebe an. Sage mir, wie sehr er liebt, und ich will dir sagen, wie viel er von Gott gesehen hat. Sage mir, wie viel er liebt, und ich will dir sagen, wie viel er mit Gott lebt. Sage mir, wie viel er liebt, und ich will dir sagen, wie weit er ins Himmelreich, in das Reich der Harmonie, eingedrungen ist, denn »die Liebe ist des Gesetzes Erfüllung« (Röm. 13, 10).

Liebe ist eigentlich alles. Sie ist der Schlüssel zum Leben, und ihre Wirkungen sind es, die die Welt bewegen. Lebe nur in Gedanken der Liebe zu allen, und du wirst von allen Liebe an dich ziehen. Lebe in Gedanken der Bosheit oder des Hasses, und Bosheit und Hass kommen zu dir zurück.

Das Böse wirkt vergiftend, und der Pfeil
Der Bosheit prallt zurück auf seinen Schützen
Und schlägt ihm Wunden, die so lang nicht heilen,
Als Zorn und Hass in seinem Herzen glühen.

Jeder Gedanke, den du hegst, ist eine Kraft, die von dir ausgeht, und jeder kommt zurück, beladen mit seinen Wirkungen. Das ist ein unwandelbares Gesetz. Jeder Gedanke, den du hegst, hat außerdem noch einen unmittelbaren Einfluss auf deinen Körper. Liebe und der Liebe verwandte Gefühle sind das Normale und Natürliche, das, was mit der ewigen Ordnung des Weltalls im Einklang steht, denn Gott ist die Liebe. Sie haben einen Leben spendenden und gesundheitsfördernden Einfluss auf deinen Körper, verschönern den Ausdruck deines Gesichts und deiner Stimme und machen dich in jeder Weise anziehend. Und da es eine Tatsache ist, dass du in demselben Maß, in dem du

Gedanken der Liebe für alle hast, die nämlichen Gedanken auf dich ziehst, und da diese auch unmittelbaren Einfluss auf deinen Geist und dadurch mittelbar wieder auf deinen Körper haben, so kannst du tatsächlich deine innere Lebenskraft von außen her vervielfachen: Du verwertest diese Kräfte fortwährend für dein geistiges und körperliches Leben und machst so dein Leben reicher.

Hass und dem Hass verwandte Gefühle sind das Abnorme, das Unnatürliche, Verkehrte, das, was im Widerspruch zu der ewigen Ordnung des Weltalls steht. Denn wenn Liebe des Gesetzes Erfüllung ist, dann ist dies ihr Gegenteil, eine glatte Übertretung des Gesetzes, und es kann keine Gesetzesübertretung ohne irgendein nachfolgendes Leiden geben. Hier gibt es kein Entrinnen. Und was ist die Wirkung gerade dieser Übertretung? Wenn du Gedanken wie Zorn, Hass, Bosheit, Eifersucht, Neid, Krittelei, Hohn ihren Lauf lässt, so üben sie eine zerstörende und vergiftende Wirkung auf den Organismus aus; sie schwächen ihn, und wenn du sie gewähren lässt, so vernichten sie ihn, indem sie sich in bestimmten Krankheiten äußern. Und zu diesen zerstörenden Einflüssen aus deinem eigenen Geist rufst du noch dieselben Einflüsse von andern Geistern zu dir her, und sie kommen als zerstörende Kräfte, die die Vernichtung beschleunigen.

Liebe entzündet Liebe, Hass erzeugt Hass. Liebe und Wohlwollen stärken den Körper und bauen ihn auf, Hass und Bosheit zerstören und zerbrechen ihn. Liebe ist »ein Geruch des Lebens zum Leben«, Hass »ein Geruch des Todes zum Tode« (2. Kor. 2, 16).

Ist tapfer dein Herz und tapfer dein Geist,
Die Seele wahr und rein,
So gib dein Bestes nur der Welt,
Du nimmst's doch wieder ein.

Gib Liebe – und Liebe kommt dir zurück
Als Stärkung in jeder Not,
Hab Glauben – und jeder glaubt an dich
Und dein Wort bis in den Tod.

Ich höre den Einwand: »Wie steht es damit, wenn jemand mich hasst, gegen den ich keine derartigen Gefühle und Gedanken hege, sodass ich also nicht die Ursache davon bin, dass er mein Feind ist?« Das kann vorkommen, aber die Wahrscheinlichkeit spricht dafür, dass du wenig Feinde haben wirst, wenn keine Spur von Feindseligkeit in deinem Geist und Herzen ist. Versichere dich, ob wirklich nichts Derartiges sich findet. Aber wenn wirklich Hass dich trifft, ohne dass du schuld daran bist, dann begegne ihm von Anfang bis Ende mit Gedanken der Liebe und des Wohlwollens. Auf diese Weise kannst du ihm die Spitze nehmen, sodass er dich nicht treffen und also auch nicht schädigen kann. Liebe ist eine Kraft, und sie ist stärker als der Hass. Jeder Hass kann durch Liebe besiegt werden.

Wenn du aber im Gegenteil Hass mit Hass vergiltst, dann machst du ihn bloß stärker. Du trägst Holz zu dem Feuer, das bereits brennt, und so bekommt es neue Nahrung und wächst: Damit hast du das Übel verschlimmert. Nichts ist damit gewonnen, aber alles verloren. Wenn du Liebe dem Hass entgegenstellst, wirst du imstande sein, ihn so zu lähmen, dass er nicht bloß keine Wirkung auf dich ausübt, sondern dich nicht einmal erreichen kann. Mehr noch: Du wirst auf diese Weise früher oder später deinen Feind buchstäblich in einen Freund umwandeln. Erwidere Hass mit Hass, und du erniedrigst dich selbst. Erwidere Hass mit Liebe – und du erhebst nicht bloß dich selbst, sondern auch den, der dich hasst, zu einem höheren Wesen.

Der persische Vers sagt: »Erwidere immer Bosheit mit Sanftmut und Verkehrtheit mit Güte. Eine sanfte Hand kann einen Elefanten an einem Haar leiten. Begegne deinem

Feind mit Güte: Den Frieden zu brechen ist Sünde.« Der Buddhist sagt: »Wenn ein Mann so töricht ist, mir Böses zu tun, so will ich ihm den Schutz meiner ungetrübten Liebe gewähren. Je mehr Böses von ihm kommt, desto mehr Gutes soll von mir ausgehen.« Der Chinese sagt: »Der weise Mann rächt sich für Unrecht mit Wohltun.« Der Hindu sagt: »Gib Gutes für Böses, besiege den Zorn mit Liebe; Hass kommt nicht durch Hass zur Ruhe, sondern durch Liebe.«

Ein wahrhaft weiser Mann, eine wahrhaft weise Frau betrachtet niemanden als Feind. Wir hören manchmal den Ausdruck: »Nur zu, ich will es schon wettmachen.« Willst du das wirklich? Und wie willst du das machen? Du kannst es auf zweierlei Weise tun. Du kannst ihn behandeln, wie er dich behandelt hat; das meinst du mit dem Wort »wettmachen«: Du bezahlst ihn mit seiner eigenen Münze. Wenn du das tust, so hast du es wettgemacht, indem du so weit gesunken bist wie er, und ihr beide habt darunter zu leiden. Du kannst aber auch zeigen, dass du größer bist als er, du kannst ihm Liebe für seinen Hass geben, Güte für seine Misshandlung – und so hebst du ihn zu dir herauf. Aber bedenke, dass du keinem andern helfen kannst, ohne dir selbst ebendadurch zu nützen; und wenn du dabei nicht an dich selbst denkst, gerade dann wird fast immer die Tat für dich noch wertvoller sein als für den andern. Wenn du bereit bist, ihn so zu behandeln, wie er dich behandelt, dann zeigst du deutlich, dass etwas in dir ist, was den Hass und die Misshandlung auf dich gezogen hat: Du bekommst nur, was du verdienst, und darfst dich nicht beklagen. Und wenn du weise wärst, würdest du dich auch nicht beklagen. Schlägst du aber den anderen Weg ein, dann wirst du deinen Zweck aufs Beste erreichen: Du erringst einen Sieg für dich selbst und erweist gleichzeitig dem andern einen Dienst, den er offenbar sehr nötig brauchen kann.

So kannst du sein Erlöser werden, und er seinerseits kann

wieder für andere irrende und deshalb sorgenbeladene Männer und Frauen ein Erlöser sein. Die Kämpfe sind oft größer, als wir wissen. Wir brauchen mehr Sanftmut, Wohlwollen und Mitleid für das alltägliche Leben, dann werden wir weder tadeln noch verdammen, sondern mitfühlen.

Ihr sollt einander trösten, denn der Weg
Ist oft beschwerlich und die Füße müd
Und matt das Herz. Die Last ist schwer zu tragen,
Wenn keiner sich um unser Leid bekümmert:
Und dass wir glücklich waren, scheint ein Traum.

Ihr sollt einander trösten und voll Liebe
Die Hand euch reichen; schon ein gütiger Blick
Ist Trost und Hilfe, und ein freundlich Wort,
Zur rechten Zeit gesprochen, ist erquickend
Wie Himmelsmanna für ein hungernd Herz.

Wenn wir die große Wahrheit ganz erkennen, dass Übel, Irrtum und Sünde mit all den Leiden, die sie im Gefolge haben, nur aus Unwissenheit entspringen, dann werden wir jedem, der unter ihnen leidet, mit dem rechten Sinn gegenübertreten, nämlich mit einem Herzen voller Mitgefühl und Mitleid. Dieses Mitleid wird zu Liebe werden und die Liebe sich in gütiger Hilfe erweisen. Das ist die göttliche Methode. Statt dass wir mithelfen, einen Schwächeren vollends niederzudrücken, heben wir ihn auf, bis er allein stehen und sich selber helfen kann. Aber alles Leben wächst von innen nach außen, und wir kommen zu solcher Meisterschaft nur in dem Grad, in dem wir die Göttlichkeit unserer eigenen Natur und damit die höheren Gesetze erkennen. Es gibt keinen besseren Weg, einem andern zu dieser Erkenntnis zu verhelfen, als dass wir das Göttliche in uns einfach durch unser Leben sichtbar werden lassen.

Dies geschieht durch Vorbild, nicht durch Vorschrift, durch Leben, nicht durch Predigen, durch Tun und nicht durch Bekennen; wir müssen nicht lehren, wie man leben soll, sondern selbst so leben. Keine Ansteckung ist so stark wie die, die durch das Leben geschieht. Was wir säen, werden wir ernten, und jeder Same bringt seine Frucht. Wir töten nicht bloß durch direkte Verletzung des Körpers, sondern durch jeden feindseligen Gedanken können wir töten, und zwar wirklich. Und nicht genug, dass wir töten: Wir verüben dadurch Selbstmord. Mancher ist schon krank geworden, weil die bösen Gedanken vieler Menschen sich auf ihn richteten; einige sind daran gestorben. Fülle die Welt mit Hass – und du machst sie buchstäblich zur Hölle; fülle sie mit Liebe – und der Himmel mit all seiner Schönheit und Herrlichkeit steigt hernieder.

Nicht lieben heißt: nicht leben oder lebend sterben. Ein Leben, das von Liebe zu allen überströmt, ist voll und reich und wächst immerfort an Schönheit und Stärke. Ein solches Leben umfasst immer mehr und wird so immer größer an Umfang und Wirkung. Je größer ein Mensch ist, desto mehr umschließt er mit seiner Liebe und Freundschaft; je kleiner, desto enger und zwergenhafter wird seine Natur, desto mehr pocht er auf seine »Exklusivität«. Jeder Narr oder Dummkopf kann sich in Abgeschlossenheit gefallen; nichts leichter als das. Es zeugt aber von Größe, wenn man viel umfasst. Nur ein Mensch von kleinlicher, selbstsüchtiger Natur schließt sich ab. Männer und Frauen von königlichem, selbstlosem Wesen tun es nie. Eine kleinliche Natur denkt immer an den Nutzen, eine großartige niemals. Der eine geht überall herum, um bei der Welt Anerkennung und Anschluss zu finden; der andere bleibt, wo er ist, und zieht die Welt zu sich heran. Der eine liebt nichts als sich selbst, der andere liebt die ganze Welt: Aber in diese allumfassende Liebe ist er selbst eingeschlossen.

Wahrlich, je mehr einer liebt, desto näher kommt er Gott, denn Gott ist der Geist unendlicher Liebe. Und wenn wir unsere Einheit mit diesem unendlichen Geist erkennen, dann erfüllt uns die göttliche Liebe so völlig und macht unser Leben so selig und reich, dass sie von uns überströmt und das Leben der ganzen Welt reich macht.

Wenn wir unsre Einheit mit dem unendlichen Leben erkennen, so kommen wir von selbst und sofort in das richtige Verhältnis zu unserm Nächsten. Wir erleben dann die Wahrheit des großen Gesetzes, dass wir unser Leben finden, wenn wir es verlieren im Dienst für andre (Matth. 10, 39). Wir erkennen, dass alles Leben eins ist und wir alle nur Teile des einen großen Ganzen sind; wir sehen, dass wir nichts für andere tun können, ohne es zugleich für uns selber zu tun; wir sehen auch, dass wir niemanden verletzen können, ohne ebendadurch uns selbst zu verletzen. Wir merken, dass, wer nur für sich lebt, ein kleinliches, zwergenhaftes und verkümmertes Leben führt, eben weil er an diesem größeren Leben der Menschheit keinen Anteil hat. Wer aber im Dienste dieses größeren Lebens sein eigenes Leben hingibt, der findet es tausend- und millionenfach bereichert wieder, und was immer jedes einzelne Leben an Freude, Glück und höchstem Wert genießt, genießt er mit, denn er hat an jeglichem Leben Anteil.

Lass mich hier ein Wort über rechtes Helfen sagen: Petrus und Johannes gingen miteinander hinauf in den Tempel, und als sie zum Tor hineintraten, trafen sie einen armen Krüppel, der sie um ein Almosen bat. Anstatt ihm etwas für seine täglichen Bedürfnisse zu geben und ihn dann für morgen und für immer in derselben Abhängigkeit zu belassen, gewährte ihm Petrus wirkliche Hilfe – die allen Menschen zugute kommt –, indem er zu ihm sprach: »Silber und Gold habe ich nicht, was ich aber habe, das gebe ich dir.« Und heilte ihn (Apostelgesch. 3, 1–8). So brachte er ihn dahin, dass er sich selbst weiterhelfen konnte. Mit andern Worten: Die größte Hilfe, die wir jemandem gewähren können, ist, dass wir ihm helfen, sich selbst zu helfen. Ihm sofortige Hilfe zu gewähren, kann ihn vielleicht bloß schwächer machen. Doch hängt das von den Umständen ab und muss nicht immer so sein. Aber einem dazu zu verhelfen, dass er sich selber helfen kann, das kann niemals schwach machen, sondern macht ihn mutig und stark, denn es bringt ihn zu einem größeren und stärkeren Leben.

Es gibt keinen besseren Weg, wie man jemandem helfen kann, sich selbst zu helfen, als dass man ihn zur Selbsterkenntnis bringt. Und dazu wieder gibt es keinen besseren Weg, als wenn man ihm die Kräfte zeigt, die in seiner Seele schlummern. Und nichts wird ihm die Erkenntnis dieser Kräfte besser vermitteln, als wenn man ihn zu einer bewussten und lebendigen Erkenntnis seiner Einheit mit dem unendlichen Leben und der unendlichen Macht bringt, damit er sich ihr öffne und sie durch ihn wirken und sich offenbaren kann.

Wir werden sehen, dass dieselbe große Wahrheit auch die Lösung für unsere sozialen Probleme enthält und dass diese Lösung nicht eher wirklich und nachhaltig gelingt, als bis jene Wahrheit voll erkannt und ausgebaut ist.

7 Weisheit und innere Erleuchtung

Gott ist der Geist unendlicher Weisheit, und in dem Maß, in dem wir uns ihm öffnen, öffnet sich die höchste Weisheit für uns und durch uns. Auf diesem Weg können wir bis zum Herzen des Weltalls selbst vordringen und das Geheimnis entdecken, das für die meisten Menschen verborgen ist, obwohl es vor ihnen liegt.

Um diese höchste Weisheit und Einsicht zu erlangen, müssen wir unbedingt darauf vertrauen, dass Gott uns zu ihr führen wird – aber nicht durch irgendeinen Menschen. Und warum sollten wir sie bei einem Menschen suchen? Bei Gott ist kein Ansehen der Person! Warum sollten wir sie aus zweiter Hand nehmen und unsere angeborene Kraft so entwerten? Warum nicht zu der ewigen Quelle selbst gehen? »So jemand unter euch Weisheit mangelt, der bitte Gott« (Jak. 1, 5). »Und soll geschehen, ehe sie rufen, will ich antworten; wenn sie noch reden, will ich hören« (Jes. 65, 24).

Wenn wir so ohne Umwege zu der göttlichen Quelle selbst gehen, sind wir nicht länger Sklaven von Personen, menschlichen Einrichtungen oder Büchern. Wir sollen uns freilich auch ihnen gegenüber offen halten für die Übermittlung von Wahrheit; aber wir sollen sie nur als Übermittler, nicht als Quellen der Wahrheit betrachten, nicht als Meister, sondern nur als Lehrer. Mit Browning müssen wir erkennen:

> Die Wahrheit ist in uns, nie stammt sie her
> Von außen, sei dein Glaube wie er will.
> Es ist ein inneres Zentrum in uns allen,
> Wo Wahrheit wohnt in Fülle.

Es gibt kein wichtigeres und bedeutungsvolleres Gebot in der ganzen Welt als: »Sei dir selbst getreu!« Mit andern Worten: Sei deiner Seele treu, denn durch deine Seele spricht Gottes Stimme zu dir. Dort ist der innere Führer, »das Licht, welches alle Menschen erleuchtet, die in diese Welt kommen« (Joh. 1, 9), dort das Gewissen, die innere

Schau, die Stimme des höheren Selbst, die Stimme der Seele, die Stimme Gottes. Du wirst eine Stimme hinter dir hören, die dir sagt: »Dies ist der Weg, auf dem sollst du wandeln.«

Als Elias auf dem Berg stand, hörte er nach den verschiedenen irdischen Erscheinungen ein »stilles sanftes Sausen« (1. Kön. 19, 11, 12), die Stimme seiner eigenen Seele, durch die der unendliche Gott zu ihm sprach. Wenn wir auf diese Stimme unseres Innersten hören, so wird sie immer klarer und deutlicher reden, bis sie allmählich ein absolut sicherer und irrtumsloser Führer wird. Es ist unser Unglück, dass wir auf diese Stimme in unserer Seele nicht hören und ihr nicht folgen, und so werden wir »ein Reich, das mit sich selbst uneins ist»(Matth. 12, 25). Wir werden bald auf diesen, bald auf jenen Weg getrieben und sind nie in einer Sache sicher. Ich habe einen Freund, der auf diese innere Stimme so genau hört, mit anderen Worten, der immer so rasch und so völlig in Übereinstimmung mit ihr handelt und dessen Leben so absolut unter ihrer Führung steht, dass er immer das Rechte zur rechten Zeit und in der rechten Weise tut. Er weiß immer, wann und wie er zu handeln hat, und ist niemals in dem Zustand des Reiches, das mit sich selbst uneins ist.

Man könnte einwenden, ob es nicht gefährlich für uns sei, immer nach unserer inneren Eingebung zu handeln; wir könnten ja auch die Eingebung haben, jemandem Böses zu tun. Aber davor brauchen wir keine Angst zu haben. Denn die Stimme der Seele, diese durch unsere Seele redende Stimme Gottes, weist uns niemals an, jemandem etwas Böses zuzufügen oder irgendetwas zu tun, was nicht mit den höchsten Vorschriften des Rechts, der Wahrheit und der Gerechtigkeit in Einklang steht. Und wenn du jemals den Antrieb zu so etwas empfindest, so ist das nicht die Stimme göttlichen Ursprungs: Ein solcher Antrieb kommt aus deinem niederen Selbst.

Man darf die Vernunft nicht beiseite setzen, aber sie muss fortwährend durch diese höhere Wahrnehmung erleuchtet werden, und in dem Maß, in dem dies geschieht, wird sie zum Vermittler des Lichtes und der Kraft. Wenn jemand ganz und gar Persönlichkeit wird, so betritt er das Gebiet aller Erkenntnis und Weisheit, Persönlichkeit wird man aber, wenn man keine Kraft anerkennt außer jener unendlichen Macht, die hinter allem steht. Wenn einer dies erkennt und sich dem Geist dieser unendlichen Weisheit öffnet, so kommt er auf den Weg zur wahren Erziehung, und bisher verschlossene Geheimnisse offenbaren sich ihm. Das muss in der Tat die Grundlage aller wahren Erziehung sein, dieses Entwickeln von innen heraus, das Entwickeln dessen, was die unendliche Macht in unser Inneres gelegt hat.

Alles, was zu kennen für uns wertvoll ist, wird uns offenbar werden, wenn wir uns der Stimme dieses unendlichen Geistes öffnen. Auf diese Weise werden wir Seher und haben die Kraft, den Dingen bis ins Herz zu sehen. Nicht als ob neue Sterne aufleuchteten, neue Gesetze oder neue Kräfte in Wirksamkeit träten; aber wir können uns dem Geist der unendlichen Weisheit so öffnen, dass wir solche Kräfte wahrnehmen, die uns bisher unbekannt geblieben waren, und in diesem Sinn entdecken wir Neues. Wenn wir auf diesem Weg zur Erkenntnis der Wahrheit kommen, so kümmern wir uns nicht mehr um Tatsachen, die ewig wechseln. Wir treten in die Stille unsres innersten Selbst ein, wir öffnen die Fenster und schauen hinaus, und so sammeln wir die Tatsachen, wie wir wollen. Das ist wahre Weisheit. »Weisheit ist Erkenntnis Gottes.« Weisheit stammt aus dem Göttlichen in uns und ist etwas viel Höheres als Wissen. Großes Wissen, das Wissen von vielen Dingen kann man einfach durch ein gutes Gedächtnis erwerben: Es kommt durch bloße Anschauung. Aber Weisheit ist viel höher als Wissen: Alles Wissen ist nur ein Teil dieser tieferen Weisheit.

Wer in das Reich dieser Weisheit eingehen will, der muss

zuerst allen geistigen Hochmut ablegen: Er muss »werden wie ein Kind«. Vorurteile, vorgefasste Meinungen und Glaubenslehren stehen der wahren Weisheit immer im Weg. Die Einbildung auf die eigene Meinung hat eine geradezu selbstmörderische Wirkung, denn sie verschließt der Wahrheit die Türe.

Überall um uns, in der religiösen, wissenschaftlichen, politischen und sozialen Welt, sehen wir Leute, die infolge ihres geistigen Hochmuts so in ihren eigenen Einbildungen und Vorurteilen befangen sind, dass die Offenbarung einer größeren Wahrheit, wenn sie kommt, bei ihnen keinen Eingang findet. Statt zu wachsen und sich auszubreiten, verkümmern und verkrüppeln sie geistig und verlieren immer mehr die Fähigkeit, die Wahrheit aufzunehmen. Statt selbsttätig am Fortschritt der Welt mitzuarbeiten, sind sie weiter nichts als Steine, die im Weg liegen, um die Räder des Fortschritts aufzuhalten – was ihnen freilich doch nicht gelingt, denn in Wirklichkeit werden sie zermalmt und bleiben liegen, während der Triumphwagen der göttlichen Wahrheit unaufhaltsam weiterfährt.

Als man noch mit der Dampfmaschine experimentierte und sie noch nicht so weit vervollkommnet war, um praktisch genutzt zu werden, veröffentlichte ein damals in wissenschaftlichen Kreisen wohlbekannter englischer Gelehrter eine Schrift, in der er bewies, dass es für immer unmöglich sein werde, die Dampfmaschine zur Schifffahrt auf dem Ozean zu verwerten, da kein Schiff einen genügenden Vorrat an Kohlen mit sich führen könne. Das Interessanteste an der Sache aber war, dass gerade das erste Dampfschiff, das die Fahrt von England nach Amerika machte, unter seiner Ladung einen Teil der ersten Auflage dieser gelehrten Schrift an Bord hatte. Es erschien nur diese erste Auflage. Heute würden viele Auflagen Abnehmer finden.

Das ist komisch. Aber noch komischer ist es, wenn ein Mensch sich absichtlich gegen die Wahrheit verschließt, weil sie – man denke! – nicht auf dem hergebrachten, beglaubigten, bisher üblichen Wege zu ihm gelangt oder weil sie mit bisher bestehenden Gebräuchen oder Glaubenslehren nicht ganz übereinstimmt oder ihnen gar widerspricht. Im Gegenteil:

Lass viele Fenster sein in deiner Seele,
Die Welt und ihre Herrlichkeit, sie strahle
Hinein in dich. Nicht eines armen Glaubens
Getrübte Scheibe kann die Strahlen fassen,
Die überallher leuchten. Stoße auf
Des Aberglaubens Läden, lass das Licht
Durch helle Fenster strömen, wie die Wahrheit
So weit und wie der Himmel hoch! Dein Ohr
Sei offen für der Sphären Harmonien
Und für die Stimme der Natur: Dein Herz
Soll sich zur Wahrheit wenden, wie die Pflanze
Zur Sonne. Tausend Hände strecken
Unsichtbar sich vom Himmel, heben dich
Zu friedevollen Höhen; Himmelskräfte
Erquicken dich, drum fasse Mut und stoße
Die halbe Wahrheit weg und nimm die ganze.

Das Erlangen der Wahrheit vollzieht sich nach einem großen Gesetz. Wenn ein Mensch sich durch geistigen Hochmut, vorgefasste Meinungen, Vorurteile oder sonstige Gründe bewegen lässt, sich gegen die Wahrheit zu verschließen, so vermag er aus keiner Quelle die ganze Wahrheit zu schöpfen. Auf der andern Seite, wenn jemand sich der Wahrheit öffnet, aus welcher Quelle sie auch kommt, so wird von allen Seiten Wahrheit zu ihm strömen. So gehört es sich auch für einen freien Mann und eine freie Frau, denn die Wahrheit macht uns frei. Alle andern bleiben in Banden, denn die Wahrheit findet bei ihnen keinen Zutritt; sie kommt nur, wo man sie willkommen heißt.

Wo man aber der Wahrheit den Eingang verwehrt, da kann der reiche Segen, den sie mit sich führt, nicht hinkommen.

Im Gegenteil, sie schickt einen Gesandten, der Verkümmerung, Krankheit und Tod – leiblichen und geistigen Tod – mit sich bringt. Mehr als Diebe und Räuber ist der Mann zu fürchten, der einem andern das freie und ungehemmte Suchen nach Wahrheit verwehren und sich zum ausschließlichen und bleibenden Dolmetscher der Wahrheit für ihn machen will, anstatt ihm zu eigenem Verständnis zu verhelfen. Ein solcher Mann tut Schlimmeres als der Dieb und der Räuber, denn er schädigt unmittelbar und entscheidend das Leben seines Opfers.

Wo ist je ein Mensch – er sei, wer er wolle – zum Bewahrer, Hüter und Austeiler von Gottes uneingeschränkter Wahrheit bestellt worden? Wohl gibt es viele, die den Drang fühlen und also auch den Beruf haben, Lehrer der Wahrheit zu sein. Aber der rechte Lehrer will nicht der Dolmetscher der Wahrheit für einen andern sein, sondern sein Streben geht dahin, den Schüler zur wahren Selbsterkenntnis und damit zur Kenntnis seiner eigenen inneren Kräfte zu bringen, damit er sein eigener Dolmetscher werden kann. Alle Lehrer, die es nicht so machen, handeln aus persönlichen Beweggründen, um der Ehre oder um des Gewinnes willen. Und wer den Anspruch erhebt, die ganze Wahrheit und die einzige, die es gibt, zu besitzen, der ist entweder ein Fanatiker oder ein Narr oder ein Schurke.

In der orientalischen Literatur gibt es eine Fabel von einem Frosch. Der lebte in einem kleinen Brunnen, den er noch niemals verlassen hatte. Eines Tages kam ein Frosch, dessen Heimat das Meer war, zu dem Brunnen und trat neugierig hinein. »Wer bist du? Wo wohnst du?«, fragte ihn der Frosch aus dem Brunnen. »Ich bin der und der und wohne im Meer.« »Im Meer? Was ist das? Wo ist das?« »Es ist eine sehr große Wasserfläche, nicht weit von hier.« »Wie groß ist denn dein Meer?« »Oh, sehr groß.« »So groß wie dieser kleine Stein hier?« »Oh, viel größer.« »So groß wie dieses Brett, auf dem wir sitzen?« »Oh, viel größer.« »Nun, wie viel größer denn?« »Das Meer, in dem ich wohne, ist größer als dein ganzer Brunnen; man könnte Millionen solcher Brunnen damit füllen.« »Unsinn, Unsinn! Du bist ein Lügner und Betrüger! Geh fort von meinem Brunnen, geh fort! Ich will nichts von einem solchen Frosch wissen.«

»Ihr werdet die Wahrheit erkennen, und die Wahrheit wird euch frei machen« (Joh. 8, 32), lautet die Verheißung. Das Gegenteil davon aber: Ihr werdet euch der Wahrheit verschließen und in eurer eigenen Einbildung leben, und eure Einbildung wird euch zu Narren und Idioten machen – das gilt gewiss von nicht wenigen, und zwar gerade von solchen, die auf ihre höheren geistigen Errungenschaften ganz besonders stolz sind. Ein Idiot ist ein Mensch, dessen geistiges Wachstum stehen geblieben ist. Sich aus irgendeinem Grund gegen die Wahrheit und damit gegen geistiges Wachstum zu verschließen, bringt eine bestimmte Art von idiotischem Zustand hervor, wenn man es auch für gewöhnlich nicht mit diesem Namen benennt. Eine andre Art besteht darin, dass man alles für wahr hält, ohne es selbst zu prüfen, bloß weil eine bestimmte Person, ein bestimmtes Buch, eine bestimmte Institution es so lehrt. Das kommt aber davon, dass einer immer nach außen schaut, statt sich auf das innere Licht zu verlassen und eifrig danach zu streben, dass es immer heller werde.

Wir sollten mit dem tapferen und unerschrockenen Walt Whitman sagen können: »Von dieser Stunde an erkläre ich mich frei von allen Fesseln und eingebildeten Schranken; ich gehe, wohin ich will, ganz und gar als mein eigener Herr; ich will andere hören und wohl bedenken, was sie sagen, ich will warten und suchen, annehmen und überlegen, aber still und unwiderstehlich mich losmachen von allen Banden, die mich festhalten wollen.«

Wir sollten uns aufs Höchste darüber freuen, dass Gottes grenzenlose Wahrheit allen offen steht, und zwar jedem in gleichem Maß, und dass sie in jedem Wohnung nehmen will, falls und soweit er ernstlich nach ihr strebt und sich ihr öffnet.

Mit Bezug auf die Weisheit, die uns in unserm täglichen Leben leitet, dürfen wir annehmen, dass nichts, was zu wissen recht und gut ist, uns unbekannt bleiben wird, wenn wir das Gesetz seines Verständnisses erkennen und es verständig anwenden. Wir sollen wissen: Alles ist unser, sobald wir es uns anzueignen wissen.

Unwandelbar, ich weiß, ist das Gesetz,
Das keine Seele übertreten kann:
Was wir bedürfen und was wir verdienen,
Das machen wir uns sicher untertan.

Wenn Augenblicke kommen, in denen wir nicht wissen, was für einen Kurs wir steuern, was für einen Weg wir einschlagen sollen, so liegt der Fehler in uns selber. Dann liegt es aber auch nur an uns selber, ob wir diesen unnatürlichen Zustand anders und besser machen. Wir brauchten gar nicht so weit zu kommen, wenn wir uns des Lichtes und der Kräfte, die in uns liegen, bewusst waren und blieben. Das Licht leuchtet immer, und wenn wir scharf sehen wollen, so müssen wir nur verhindern, dass etwas zwischen uns und das Licht tritt. »Bei dir ist die lebendige Quelle; in deinem Lichte sehen wir das Licht.«

Ich möchte hier die Worte eines Mannes zitieren, der zu den erleuchtetsten Menschen gehört, die ich je getroffen habe, und der deshalb zu keiner Zeit darüber im Unsicheren ist, was er tun soll und wie es auszuführen ist. Er sagt: »Falls du einmal im Zweifel darüber bist, welchen Kurs du einschlagen sollst, dann mache es so: Sobald du alle äußeren Möglichkeiten, dich zu belehren, erschöpft hast, so sieh mit deinem inneren Auge und höre mit deinem inneren Ohr und störe diese einfache, natürliche und schöne Tätigkeit durch keine Fragen oder Zweifel ... In allen dunklen Stunden, in Zeiten ungewöhnlicher Verwirrung, brauchen wir nur eins zu tun, was uns wie alles Notwendige schon in dem lieben alten Evangelium geboten worden ist: ›Geh in dein Kämmerlein und schließ die Türe zu.‹

Soll das heißen, dass wir uns buchstäblich in ein besonderes Zimmer mit einem Schloss an der Tür zurückziehen sollen? Wenn das gemeint wäre, so könnten wir ja das Gebot im Freien, sei's zu Land oder zu Wasser, gar nicht erfüllen: Christus aber hat doch die Seen und Wälder viel lieber gehabt als die engen Räume städtischer Wohnhäuser. Seine Gebote sind so umfassend, dass wir sie an jedem Fleck der Erde und in jeder denkbaren Lebenslage erfüllen können.

Ein Mann, der unter meinen Bekannten am stärksten befähigt ist, in sich hineinzulauschen, arbeitete an einem Tisch in einem Büro, wo mehrere andere Herren ihre Geschäfte besorgten und sich oft laut unterhielten. Vollkommen ungestört durch die verschiedenen Geräusche um ihn her war dieser in sich selbst ruhende Mann imstande, in jedem Augenblick, wenn es irgendeine Unklarheit zu überwinden galt, den Vorhang der Abgeschlossenheit so eng um sich zu ziehen, dass er sich völlig in seine eigene seelische Lebensluft einschloss und dadurch von jeder Zerstreuung freimachte, gerade als sei er allein in einem Urwald. Indem er die Schwierigkeit, um die es sich gerade handelte, in diese geweihte Stille mit sich nahm, und zwar in der Form einer genau gestellten Frage, auf die er eine bestimmte Antwort verlangte, verhielt er sich völlig abwartend, bis diese Antwort kam: Und nicht ein einziges Mal in vieljähriger Erfahrung fand er sich getäuscht oder falsch geführt. Innerlichstes Erfassen der Wahrheit ist das tägliche Brot für unsere täglichen Bedürfnisse: Es kommt wie das Manna in der Wüste jeden Tag; jeder Tag bringt die Befriedigung für die Bedürfnisse gerade dieses Tages.

Was jeder Tag will, sollst du fragen,
Was jeder Tag will, wird er sagen.

Dieses aus dem Innern geborene Erfassen der Wahrheit muss aber sogleich in die Tat umgesetzt werden, denn Zögern ist hier gleichbedeutend mit Verdunklung des Erfassten: Je länger wir zögern, desto mehr gewinnen irrige Eindrücke die Macht, das durch göttliche Eingebung Erfasste zu verdecken, indem der Streit des Für und Wider dadurch entschieden wird, dass Willensregungen obsiegen, die aus dem niederen Ich hervorgehen.

Das Weltgesetz legt uns eine Bedingung auf, und dieser müssen wir uns fügen. Wir müssen alle Wünsche beiseite setzen außer dem einen, die Wahrheit zu erkennen, und damit die volle Entschlossenheit verbinden, dem zu folgen, was wir deutlich als Wahrheit empfinden, sobald es uns klar wird. Keine andere Leidenschaft darf mit dieser alles erfüllenden Liebe zur Wahrheit vermengt werden. Niemals dürfen wir von der einmal eingeschlagenen Richtung abweichen: Eine Sache erwarten und sie wünschen, diese beiden Geistestätigkeiten sind so unzertrennlich miteinander verbunden wie Gatte und Gattin. Wenn wir dessen eingedenk bleiben, dann wird sich unser bisher im Dunkel liegender Weg mit himmlischem Glanz erhellen, denn mit dem Himmel in unserer Brust wirken alle Himmel draußen unaufhörlich zusammen.«

Das kann man »den Eintritt in das Schweigen« nennen. Das heißt das wahrhaftige Licht erblicken und sich von ihm leiten lassen, »das alle Menschen erleuchtet, die in diese Welt kommen« (Joh. 1, 9). Das heißt der Stimme der eigenen Seele, des höheren Selbst, lauschen und von ihr sich leiten lassen.

Die Seele ist göttlich, und wenn wir sie für den unendlichen Geist durchscheinend machen können, offenbart sie uns alles, während alles dunkel wird, sobald wir uns von dem göttlichen Licht abwenden: Nichts ist dunkel an sich selbst. Wenn der geistige Sinn geschärft ist, so reicht er über alle Schranken der leiblichen Sinne und des gewöhnlichen

Verstandes hinaus. Je mehr wir von den Schranken frei werden, in die jene uns einengen, je mehr wir erkennen, dass alles wirkliche Leben mit dem unendlichen Geist eins ist, desto näher kommen wir dem Zustand, in dem diese Stimme immer spricht, in dem sie uns niemals irreführt, wenn wir ihr folgen, und in dem wir uns deshalb fortwährend göttlicher Erleuchtung und Führung erfreuen dürfen. Das zu erkennen und in dieser Erkenntnis zu leben, heißt himmlisches Leben haben, aber nicht etwa erst nach dem Tode, sondern jetzt und hier, heute und alle Tage. Keine Menschenseele braucht dies zu entbehren. Wenn wir nur die rechte Richtung einschlagen, so kommt es von selbst und so natürlich, wie die Blume blüht und der Wind weht. Man kann es freilich nicht um Geld oder Geldes wert kaufen; aber es ist ein Zustand, der bloß darauf wartet, dass man ihn eintreten lässt; und jeder kann das, reich und arm, König und Bauer, Herr und Knecht; jeder hat gleichmäßig Anspruch darauf.

Wenn der Bauer dazu kommt, so ist sein Leben reicher an Schönheit und wahrer Macht als das des Königs, und wenn der Knecht es erreicht, so ist sein Leben tausendmal höher als das seines Herrn.

Wenn du das höchste, vollkommenste und reichste Leben erlangen willst, das nicht bloß diese Welt, sondern jede mögliche andere bieten kann, dann schüttle zuerst den Gedanken ab, dein Leben sei von dem Leben Gottes getrennt, und halte fest an dem Gedanken deiner Einheit mit ihm. In dem Grad, in dem du diesen Gedanken festhältst, wirst du ihn auch verwirklichen, und wenn du in dieser Verwirklichung lebst, wirst du erfahren, dass alles hierin eingeschlossen ist. Dann wird es deine Aufgabe sein, ohne Furcht oder Sorge einfach zu tun, was jeder Tag verlangt; dadurch wirst du für morgen bereit sein, wenn es morgen wird, denn der morgige Tag wird selbst beschaffen, was er für das geistige, geistliche und körperliche Leben bedarf.

Denn vergiss nicht, dass du, was für morgen nötig ist, auch erst morgen brauchst.

Wenn jemand bereit ist, sich vollständig diesem Gesetz anzuvertrauen, dann wird er immer sichergehen. Nur wenn man bloß mit halbem Herzen sich ihm anvertraut, erlebt man unsicheren und deshalb ungenügenden Erfolg. Nichts ist so fest und so sicher wie Gott: Er wird keinen verlassen, der sich ihm völlig hingibt. Das Geheimnis des Lebens besteht darin, dass man immer in dieser Erkenntnis lebt, was man auch tue, wo man auch sei, bei Tag und bei Nacht, im Wachen und Schlafen. Denn man kann ein solches Leben im Schlaf so gut wie im Wachen fortführen.

Bei dieser Gelegenheit möchte ich einige Tatsachen besprechen, die mit dem Schlaf zusammenhängen sowie damit, dass wir auch im Schlaf Belehrung und Erleuchtung empfangen können.

Während des Schlafes ist nur der Körper als solcher in Ruhe, das Seelenleben geht mit all seinen Tätigkeiten weiter. Der Schlaf ist die Fürsorge der Natur für die Erholung des Körpers, für die Erneuerung all dessen, was während des Wachens fortwährend verbraucht wird. Er ist das große Heilmittel der Natur.

Wenn der Körper nicht genug Schlaf erhält, sodass der Erneuerungsprozess den Verbrauch nicht ersetzt, so muss der Körper allmählich geschwächt werden, und jedes Übel und jede Krankheit findet in diesem Zustand leichter Eingang. Aus diesem Grund erkältet sich z. B. jemand, der dazu neigt, zu einer Zeit, da der Körper durch Schlafentbehrung ermüdet oder erschöpft ist, viel leichter als sonst. Der Körper ist dann in einem Zustand, in dem äußere Einflüsse viel stärker auf ihn wirken, als wenn alles in Ordnung ist. Und wenn sie wirken, so zeigt sich das immer zuerst an der schwächsten Stelle.

Unser Körper könnte uns zu viel höheren Dingen Dienste leisten als denjenigen, zu denen wir ihn gewöhnlich gebrauchen. Das sieht man besonders in den zahlreichen Fällen, wo der Körper Herr über den Geist ist. Wenn wir die höheren Kräfte des Geistes erkennen, so wird unser Körper unter ihrem Einfluss weniger grob und schwerfällig und dafür feiner in Bau und Gewebe. Und da dann der Geist in sich selbst und in allem Höheren das Gebiet seiner Freuden findet, so verschwinden alle Ausschweifungen im Essen, im Trinken oder in sonstigen Dingen ganz natürlich und von selbst.

Ebenso verschwindet das Verlangen nach schweren, groben und wertlosen Speisen und Getränken wie Fleisch, Alkohol und allem, was mehr dahin wirkt, den Körper und seine Leidenschaften zu reizen, statt Körper und Gehirn in einen kräftigen, reinen, gut ernährten und andauernd gesunden Zustand zu versetzen. Und wenn hierdurch der Körper weniger grob und schwerfällig und feiner in Bau und Gewebe wird, so verbraucht er weniger, und der Verbrauch wird leichter ersetzt, sodass sein Zustand regelmäßiger und gleichförmiger wird. Und wenn das geschieht, so braucht er auch weniger Schlaf, und der Schlaf, den er genießt, ist für einen Körper von dieser feineren Prägung von stärkerer Wirkung als für einen von der andern Art.

Wenn der Körper sich auf diese Weise verfeinert und die Vorgänge in ihm rascher und leichter ablaufen, so befähigt er seinerseits wieder den Geist und die Seele zu immer höheren Wahrnehmungen, und so hilft der Körper dem Geist ebenso, wie der Geist sich den Körper baut. Sicher hat Browning das im Sinn gehabt, wenn er sagt:

> Alles Gute
> Ist unser, und die Seele hilft dem Leib
> So viel, als unser Leib der Seele hilft.

Der Schlaf dient also nur der Ruhe und Erneuerung des Körpers. Die Seele bedarf keiner Ruhe; und wenn der Leib im Schlafe ruht, ist die Seele ebenso tätig wie zur Zeit der Tätigkeit des Leibes.

Einige Menschen, die in die Tätigkeit der Seele tiefe Einsichten gewonnen haben, sagen, dass die Seele während des Schlafes wandert. Einige sind imstande, das, was sie im Schlaf gesehen, die Belehrung, die sie erhalten, und die Tatsachen, die sie erfahren haben, im Gedächtnis zu bewahren und so in das bewusste Leben mit herüberzunehmen. Die meisten vermögen dies aber nicht, und so geht vieles verloren, was wir sonst gewinnen könnten. Manche sagen aber, dass es in unsrer Macht stehe – und zwar im Verhältnis zu unserer Erkenntnis der Gesetze –, im Schlaf hinzugehen, wohin wir wollen, und alle Erfahrungen in das bewusste wache Leben mit herüberzunehmen. Dem sei nun, wie es sei: Jedenfalls ist sicher, dass wir auch im Schlaf die Kraft haben, vieles Wertvolle mit Bezug auf Erleuchtung, Belehrung und Wachstum zu erlangen, was den meisten jetzt noch fehlt, und zwar auf ganz normalem und natürlichem Wege.

Wenn es sich so verhält, dass das Leben der Seele, das uns mit dem unendlichen Geist verbindet, immer tätig ist, auch wenn der Körper schläft, warum sollte der Geist nicht imstande sein, seinen Zustand im Augenblick des Einschlafens so zu beeinflussen, dass er auch während der Ruhe des Körpers fortwährend von der Seele Erleuchtungen erhält und das, was er empfängt, in das bewusste wache Leben mit herüberbringt? Das kann in der Tat geschehen, und manche haben großen Gewinn davon gehabt. Die höchsten Erleuchtungen der Seele kommen manchmal auf diesem Wege, und das erscheint ganz natürlich: Denn während des Schlafes ist die Verbindung mit der äußeren materiellen Welt aufgehoben. Ich kenne Menschen, die ihre Arbeiten während des Schlafens fördern, ebenso wie sie in demselben Zustand mancherlei Aufschlüsse über bestimmte Dinge erhalten. Wenn man beim Einschlafen den Geist auf eine bestimmte Stunde richtet, in der man erwachen will, so ist es wie allbekannt möglich, zur bestimmten Minute aufzuwachen. Wir haben nicht wenige Beispiele davon, wie schwierige Probleme, die im Wachen jeder Lösung spotteten, während des Schlafens gelöst wurden.

Eine Freundin von mir, eine bekannte Journalistin, brachte einen ausführlichen Zeitungsartikel auf diesem Wege völlig richtig zustande. Sie ruft diese Art von Tätigkeit sogar öfters zu Hilfe. Einmal erhielt sie vom Herausgeber den Auftrag, einen Text bis zum nächsten Morgen fertigzustellen, der mehr als gewöhnliche Sorgfalt erheischte und zu dem die Kenntnis einer ganzen Reihe von Dingen erforderlich war. Er betraf einen Gegenstand, von dem sie kaum etwas wusste, und all ihr Bemühen, sich über denselben zu unterrichten, war vergeblich. Sie begann mit der Arbeit, aber ihre Kräfte schienen sie zu verlassen, und alles schien misslingen zu sollen. Ganz verzweifelt beschloss sie, schlafen zu gehen; sie legte sich dabei die Sache im Geiste so zurecht, dass sie während des Schlafes möglichst viel Erleuchtung bekommen könnte, schlief ein und schlief bis zum späten Morgen. Beim Erwachen trat natürlich ihre Arbeit vom vergangenen Abend zuerst wieder vor ihren Geist. Sie lag einige Minuten still – und der Aufsatz stand vollständig fertig vor ihrem Geist. Sie ging ihn durch, stand auf, griff, ohne sich anzuziehen, zur Feder und schrieb ihn nieder, ganz so als sei sie nur ihr eigener Sekretär.

Wenn der Geist gespannt in einer bestimmten Richtung arbeitet, so fährt er damit fort, bis irgendein anderer Gedanke ihn in eine andere Richtung bringt. Da nun während des Schlafes nur der Körper ruht, während Seele und Geist in Tätigkeit bleiben, so kann man dem Geist beim Einschlafen eine bestimmte Richtung erteilen, und er geht in dieser weiter. Man kann es mit der Zeit dahin bringen, dass er die Ergebnisse seiner Tätigkeit mit ins Bewusstsein herübernimmt. Manche kommen sehr bald so weit, bei andern dauert es länger; Ruhe und fortgesetzte Anstrengung aber stärken die Fähigkeit, dies tun zu können.

Weiter müssen wir hinnehmen, dass wir durch die Anziehungskraft des Geistes auch während des Schlafes, da ja der Geist immer tätig bleibt, Einflüsse aus den Gebieten an uns ziehen, in denen unsere Gedanken vor dem Einschlafen verweilen. Auf diese Weise können wir uns mit allen möglichen von uns gewollten Einflüssen in Verbindung setzen und während des Schlafes viel gewinnen, denn die inneren Fähigkeiten sind, während wir schlafen, viel offener und empfänglicher, als während wir wachen. Deshalb müssen wir auch mit größter Sorgfalt darauf achten, was für Gedanken unsern Geist vor dem Einschlafen erfüllen, denn nur das kommt zu uns, was wir durch die Art unserer Gedanken anziehen. Das liegt also ganz in unserer Hand.

Aus demselben Grund, weil nämlich die Empfänglichkeit im Schlaf größer ist, können wir durch rechtes Verständnis und rechte Anwendung des Gesetzes vieles Wertvolle sogar leichter auf diesem Weg gewinnen, als wenn die körperlichen Sinne für die uns umgebende materielle Welt ganz aufgeschlossen sind.

Mancher findet vielleicht folgendes Verfahren für sich von Wert: Wenn wir Erleuchtung oder Belehrung über einen bestimmten Punkt wünschen – natürlich nur solche Erleuchtung, von der wir gewiss sein dürfen, dass es recht und gut für uns ist, sie zu bekommen, z. B. mit Bezug auf eine Handlung, von der wir nicht wissen, ob wir sie tun oder unterlassen sollen –, dann müssen wir vor dem Einschlafen unsern Geist in die Stimmung des Friedens und des Wohlwollens für alle bringen. So kommen wir in einen harmonischen Zustand und ziehen nun unsererseits Einflüsse derselben Art von außen an uns heran.

Während wir in diesem Gefühl des Friedens ruhen, müssen wir ruhig unser ernstliches Verlangen nach der gewünschten Erleuchtung oder Belehrung aussenden und alle Furcht oder Sorge, dass sie etwa nicht kommen könnte, aus unserm Geist verbannen, denn »durch Stillesein und Hoffen werdet ihr stark sein« (Jes. 30, 15). Wir müssen eine erwartende Haltung einnehmen und fest überzeugt sein und nichts Anderes erwarten, als dass beim Erwachen der gewünschte Erfolg da sein wird. Wenn wir dann erwachen, so müssen wir, ehe die Aufmerksamkeit durch Gedanken und Eindrücke, die von außen kommen, in Anspruch genommen wird, ein Weilchen für die von selbst kommende Eingebung empfänglich bleiben. Kommt und zeigt sie sich deutlich, dann heißt es unverzüglich danach handeln. Je strenger wir uns an diese Regeln halten, desto größer wird unsere Kraft dazu.

Oder es will einer zu selbstlosen Zwecken eine seiner Fähigkeiten entwickeln und verstärken, oder er will seinen Körper gesünder und stärker machen: Dann muss er diejenige Geisteshaltung annehmen, die diesen besonderen Wünschen und Bedürfnissen entspricht. Sie wird sich ihm leicht ergeben. Auf diese Weise öffnet er sich den besonderen Kräften, die diesen Erfolg herbeiführen, bringt sich mit ihnen in Verbindung und setzt sie selbst in Wirksamkeit. Man scheue sich nicht, seine Wünsche ausdrücklich in Worten auszusprechen. Damit werden Schwingungen ausgelöst, die hinausgehen, sich irgendwo fühlbar machen und im Verein mit andern Kräften dahin wirken, dass die Wünsche in Erfüllung gehen. Nichts wahrhaft Gutes wird dem vorenthalten bleiben, der in Harmonie mit den höchsten Gesetzen und Kräften lebt. Es gibt keinen Wunsch, der denen nicht in Erfüllung geht, die ihre Kräfte kennen und weise nutzen.

Falls du beim Einschlafen liebevolle und wohlwollende Gedanken aussendest, so wird dein Schlaf ruhiger, friedlicher und erfrischender sein und dadurch deine seelische und geistige Kraft wachsen. Denn auf diese Weise setzt du dich mit allen Kräften im Weltall in Verbindung, die auf Frieden und Harmonie hinwirken.

Ein Freund von mir, den die ganze Welt wegen seiner menschenfreundlichen Werke kennt, sagte mir einst, dass er oft mitten in der Nacht plötzlich aufwache, und dann stehe wie ein Blitz der Erleuchtung eine bestimmte Idee, die auf sein Werk Bezug hat, vor seinem Geiste. Und während er still daliegt und sich für diese Eindrücke öffnet, offenbaren sich ihm ganz deutlich alle Methoden zur erfolgreichen Durchführung dieser Idee. Auf diese Weise sind manche Pläne entworfen und erfolgreich ausgeführt worden, an die sonst kein Mensch gedacht hätte, ja Pläne, die der Welt ganz wunderbar erscheinen. Er ist ein Mensch mit einem hoch empfindlichen Organismus, sein Leben steht durchaus im Einklang mit den höheren Gesetzen, und er lebt ganz und uneingeschränkt für das Werk, dem er sich gewidmet hat. Wie und aus welcher Quelle ihm diese Eingebungen kommen, das weiß er nicht. Wahrscheinlich weiß es niemand; aber jeder mag es sich auf seine Weise erklären. So viel aber wissen wir – und das ist alles, was wir zu wissen brauchen –, dass sie dem bewusst werden, der im Einklang mit den höheren Gesetzen seines Wesens lebt und sich ihnen öffnet.

Die höchsten Offenbarungen und Erleuchtungen werden uns umso mehr zuteil werden, je mehr wir die rechten Bedingungen für sie schaffen. Ein Mann, der diese Fragen aufs Gründlichste erforscht hat, sagt: »Während des leiblichen Schlafes geistige Weiterbildung zu erhalten, ist etwas ganz Normales und Natürliches, und es würde uns ganz sicher und immer gelingen, falls wir den inneren Zuständen mehr Aufmerksamkeit zuwenden würden als den äußeren mit ihrer angenommenen, aber gar nicht wirklichen Notwendigkeit.« ... Unsere Gedanken machen aus uns, was wir hier und später sein werden. Sie sind aber oft bei Nacht viel geschäftiger als bei Tage; denn wenn wir für die äußere Welt schlafen, können wir für die innere ganz wach sein. Die innere Welt aber ist ein Ort, dessen Zustand ganz und gar durch geistige und sittliche Kräfte bedingt ist. Falls wir nicht durch die äußeren Kanäle der Sinne Belehrung erhalten, so werden wir eben auf inneren Erfahrungswegen belehrt. Wenn dies erst allgemein seiner ganzen Wichtigkeit nach bekannt ist, so wird jedermann sich daran gewöhnen, den Gegenstand in Gedanken mit in seinen Schlaf hinüberzunehmen, über den er besondre Belehrung ersehnt. Auch Leute vom Schlage des Pharao oder seines Wirtes oder Bäckers haben Träume; aber nur Leute vom Schlage Josephs, das heißt des wahrhaften Sehers, können ihre Träume auch auslegen.

Aber warum hatte Pharao nicht die Gabe, seine Träume auszulegen? Warum ist Joseph das Beispiel des wahrhaften Sehers? Warum hatte er nicht bloß Träume, sondern auch die Gabe, seine eigenen wie die Träume anderer auszulegen? Lies einfach, wie beide gelebt haben, dann weißt du die Antwort. Für jede wahre Kraft kommt es nur darauf an, dass man das wahre Leben lebt. Damit erlangt man nicht bloß die größte Macht und Freude für sich selbst, sondern man gewinnt ebenso einen viel größeren Wert für die ganze Welt. Keiner muss länger in einer Hölle bleiben, als er selber will: In dem Augenblick, wo er sie wirklich verlassen will, können alle Kräfte der Welt ihn nicht daran hindern. Jeder kann in den Himmel gelangen, in den er will; und wenn er wirklich dahin gelangen will, so wirken alle höchsten Kräfte der Welt zusammen, um ihm in diesen Himmel zu helfen.

Wer vom Schlaf erwacht und eben ins bewusste Leben zurückkehrt, ist in einem besonders empfänglichen und leicht zu beeinflussenden Zustand. Alle Beziehungen zur materiellen Welt waren eine Zeit lang aufgehoben, der Geist ist in einem freieren und natürlicheren Zustand und gleicht einer lichtempfindlichen Platte, auf der jeder Eindruck seine Spur hinterlässt. Daher kommt es, dass uns oft die tiefsten und wahrsten Gedanken in den frühen Morgenstunden kommen, ehe die Tätigkeit des Tages und ihre Zerstreuung uns verwirren. Dies ist auch der Grund, warum manche Menschen frühmorgens am besten arbeiten können.

Aber auch für die Gestaltung unseres täglichen Lebens haben diese Umstände Bedeutung. Der Geist ist in dieser Morgenzeit wie ein unbeschriebenes Blatt. Wir können diese ruhige, empfängliche und für Eindrücke empfindliche Zeit am besten verwerten, indem wir die Tätigkeit unseres Geistes gleich in die beste und wünschenswerteste Richtung leiten und damit sozusagen dem ganzen Tag seinen Gang vorschreiben. Jeder Morgen ist ein frischer Anfang. Wir beginnen sozusagen unser Leben von Neuem. Wir haben es ganz in der Hand. Wenn aber der Morgen mit seinem frischen Anfang kommt, so sollte das Gestern gestern bleiben und wir nichts mehr mit ihm zu tun haben. Und ebenso sollte das Morgen morgen bleiben und wir noch nichts mit ihm zu tun haben. Es genügt, wenn wir wissen, dass die Art, wie wir das Heute verleben, auch über unser Morgen entscheidet.

Es handelt sich darum, die erste Stunde dieses neuen Tags mit all ihrem Reichtum und Glanz, mit all ihren hohen, für die Ewigkeit entscheidenden Möglichkeiten zu nützen, ebenso auch jede folgende Stunde, aber nicht ehe sie da ist. Dies ist das Geheimnis der Charakterbildung. Diese einfache Methode bringt jeden dahin, dass er das höchste Leben, das überhaupt gedacht werden kann, wirklich lebt; und alles, was in dieser Beziehung gedacht werden kann, das kann auch irgendwie, irgendwann und irgendwo wirklich werden.

Damit aber wird ein solches Leben für jeden möglich, denn jeder, der es wirklich ernst damit nimmt und sich aufrichtig danach sehnt, kann seinem höchsten Ideal wenigstens eine

Stunde lang nachleben. Und selbst wenn einer das nicht könnte, so wird er durch das Gesetz, dass Gleiches Gleiches aufbaut, falls er es nur wirklich ernstlich versucht, in der ersten Stunde dem Ziel ein wenig näher zu kommen, in der nächsten noch näher und so fort, bis früher oder später die Zeit kommt, wo dieses Leben ihm zur zweiten Natur wird und jede andere Art zu leben ihn Mühe kosten würde.

Auf diesem Weg gelangen wir zu liebevoller Vereinigung mit dem Höchsten und Besten, was es im Weltall gibt, und all das vereinigt sich mit uns. Es hilft uns in jedem Augenblick, es scheint buchstäblich alle Dinge für uns in Bewegung zu setzen, aber in Wirklichkeit sind wir es, die alles bewegen.

8 Die Verwirklichung des vollkommenen Friedens

Gott ist der Geist unendlichen Friedens, und in dem Augenblick, in dem wir in Harmonie mit ihm kommen, strömt eine Flut von Frieden in uns ein: Denn Friede ist Harmonie. Eine tief innerliche Wahrheit liegt dem Worte zugrunde: »Geistlich gesinnet sein ist Leben und Friede« (Röm. 8, 6). Die Wahrheit erkennen, dass wir Geist sind, und in diesem Gedanken leben – das heißt »geistlich gesinnt sein«, das heißt in Harmonie und Frieden leben. Ach, wie viele tausend Männer und Frauen leben um uns, müde von Sorgen, verirrt und verwirrt, überall nach Frieden suchend, müde an Leib, Seele und Geist; sie reisen in fremde Länder, sie fahren um die Welt, sie kommen zurück – und haben den Frieden nicht gefunden. Es ist nur zu klar, warum sie ihn auf diesem Wege nicht gefunden haben: Sie suchen ihn da, wo er nicht ist. Sie suchen draußen nach ihm, während sie ihn im Innern suchen sollten. Frieden kann man nur im Innern finden: Wer ihn da nicht findet, der findet ihn niemals.

Frieden gibt es in der äußeren Welt nicht, er liegt nur in unsrer eigenen Seele. Wir mögen die verschiedensten Wege gehen, um ihn zu erjagen, wir mögen ihn auf den Wegen körperlicher Begierden und Leidenschaften suchen – überall wird er stets vor unserer Hand zurückweichen, denn wir suchen ihn draußen, wo er gar nicht ist. In dem Maß, in dem wir die körperlichen Begierden und Leidenschaften mit den Geboten unseres Geistes in Übereinstimmung bringen, werden die höheren Formen des Glücks und des Friedens unser Leben erfüllen; in dem Maß, in dem wir dies unterlassen, wird Krankheit, Leiden und Unzufriedenheit unser Los sein.

Mit Gott eins sein, heißt Frieden haben. Die Einfalt des Kindes ist das mächtigste Mittel, dies ganz und gar zu verwirklichen, die Einfalt des Kindes, das sein wahres Verhältnis zum Leben des Vaters kennt. Es gibt Menschen, und ich kenne welche, die in so bewusster Einheit mit dem unendlichen Leben, dem Geiste unendlichen Friedens stehen, dass ihr Leben geradezu von Freude überströmt. Ich denke in diesem Augenblick besonders an einen verhältnismäßig jungen Mann, der mehrere Jahre krank war; seine Gesundheit war durch nervöse Erschöpfung völlig gebrochen, nichts schien ihm mehr des Lebens wert, alles sah er im trübsten Licht, und er selbst bot einen trübseligen Anblick für alle, die mit ihm in Berührung kamen. Vor einiger Zeit gelangte er zu einer so lebendigen Erkenntnis seiner Einheit mit der unendlichen Macht und öffnete sich ihrem Einströmen so völlig, dass er heute vollkommen gesund ist, und oft, wenn ich ihm jetzt begegne, kann er sich nicht enthalten, auszurufen: »Es ist eine Lust zu leben.«

Ein Polizeioffizier, den ich kenne, hat mir gesagt, dass oft, wenn er abends von seinem Dienst nach Hause geht, eine so lebendige und lebensvolle Erkenntnis seiner Einheit mit der unendlichen Macht über ihn kommt und dieser Geist unendlichen Friedens ihn so erfasst und erfüllt, dass es ihm vorkommt, als ob seine Füße kaum noch am Boden hafteten, solch überströmende Freude erfüllt ihn, wenn diese Flut in ihn einströmt.

Wer das erreicht hat, der kennt keine Furcht mehr, denn überall erfüllt ihn ein Gefühl, beschützt zu sein, und ebendieses Gefühl beschützt ihn vollkommen. Für ihn gelten die Worte: »Es wird dir kein Übels begegnen, und keine Plage wird zu deiner Hütte sich nahen« (Psalm 91, 10); »dein Bund wird sein mit den Steinen auf dem Felde, und die wilden Tiere auf dem Lande werden Frieden mit dir halten« (Hiob 5, 23).

Viele Menschen zaudern oft, Entscheidungen zu treffen. In dem Augenblick, wo uns Furcht beschleicht, öffnen wir die Tür, durch die genau das eintreten kann, was wir fürchten. Kein Tier wird einem Menschen etwas zu Leide tun, der absolut furchtlos vor ihm steht. Der erste Augenblick der Furcht aber öffnet der Gefahr die Tür: Manche Tiere, z. B. die Hunde, erkennen diese Furcht sofort, und das gibt ihnen den Mut zum Angriff. In dem Maß, in dem wir unsere Einheit mit der unendlichen Macht vollkommen erkennen, werden wir ruhig und kühl, und die kleinen Vorfälle, die uns vorher so gequält haben, beunruhigen uns nicht mehr. Wir täuschen uns auch nicht mehr in den Menschen, denn wir lesen in ihnen wie in einem offenen Buch: Wir haben die Kraft, in ihre innerste Seele einzudringen und die dort verborgenen Beweggründe ihres Handelns zu erkennen.

Ein Herr traf neulich einen Bekannten, ergriff mit dem Anschein größter Herzlichkeit seine Hand und sagte: »Ich freue mich sehr, Sie zu sehen.«

Mein Freund durchschaute ihn blitzschnell, sah ihm fest ins Auge und antwortete: »Nein, Sie freuen sich gar nicht, mich zu sehen, im Gegenteil, Sie sind dadurch so außer Fassung gebracht, dass Sie eben jetzt darüber erröten.«

Der Herr erwiderte: »Nun, Sie wissen, in unsrer Zeit der konventionellen Formen müssen wir manchmal wenigstens so tun, als ob wir solche Empfindungen hätten.«

Mein Freund sah ihm ins Gesicht und sagte: »Wieder falsch! Lassen Sie mich Ihnen nur einen Rat geben: Sie werden immer besser damit fahren, und Ihre Selbstachtung wird größer sein, wenn Sie die Wahrheit erkennen und aussprechen, als wenn Sie einen falschen Schein geben.«

Sobald wir in den Menschen lesen können wie in einem Buch, hören wir auf, von ihnen enttäuscht zu sein. Wir stellen sie nicht mehr auf einen hohen Sockel, denn dabei kann es niemals ohne Enttäuschung abgehen. Früher oder später fallen sie herunter, und wir sind auf diese Weise vielfach ungerecht gegen unsere Freunde. Wenn wir mit dem Geist des Friedens in Einklang stehen, dann wird üble Nachrede oder offenbar schlechte Behandlung, sei's von unsern Freunden oder von unsern Feinden, uns nicht länger beunruhigen. Wenn wir uns bewusst sind, in unserm Leben und Wirken der großen, ewigen Ordnung des Rechts, der Wahrheit und der Gerechtigkeit treu zu sein, die das ganze All durchdringt, zusammenhält und regiert und die überall zum Durchbruch kommt, dann kann nichts Derartiges uns berühren, und was auch kommen mag, wir bleiben immer ruhig und ungestört.

Die Dinge, die uns Sorge, Schmerz und Trauer verursachen, werden dann keine solche Macht mehr über uns haben wie jetzt, denn die wahre Weisheit wird uns alles am rechten Ort und im richtigen Verhältnis sehen lassen. Wenn wir einen Freund durch jenen Übergang verlieren, den wir Tod nennen, so wird das einer Seele keinen Schmerz bereiten, die zu der höchsten Einsicht gekommen ist, dass es etwas wie Tod gar nicht gibt, weil wir alle an dem unendlichen Leben nicht bloß vorübergehend, sondern ewig teilhaben: Das bloße Abfallen des materiellen Leibes berührt das wahre Leben der Seele in keiner Weise. Mit ruhigem Geiste, der Frucht eines hohen Glaubens, vermögen wir es zu erkennen und den Schwächeren gegenüber auszusprechen:

Seid klar, ihr liebevollen Herzen, trocknet
Die Tränen ab von allen euren Augen.
Was auf der Totenbahre liegt, das ist
Nicht eine einzige eurer Tränen wert.
Es ist nur eine Muschel, der die Perle
Entrissen ward: die Muschel ist nichts wert,
Drum lasst sie liegen: ist uns doch die Perle,
Die Seele, für die Ewigkeit gerettet.

Was aber die Trennung betrifft, die scheinbar durch den Tod bewirkt wird, so wissen wir, dass für den Geist keine Schranken bestehen, und dass jeder Geist in geistiger Verbindung mit einer Persönlichkeit sein kann, ob beide im Leibe oder ob einer im Leib, der andere außer dem Leibe ist. Je mehr wir ein höheres geistiges Leben führen, desto eher können wir diese höhere geistige Verbindung haben.

Alle Dinge kommen zu uns, wenn wir uns ihnen öffnen. In alter Zeit erwarteten die Menschen, dass sie Engel erblickten, und sie erblickten sie auch. Aber es ist kein Grund vorhanden, dass sie sie sahen und wir sie nicht sehen sollen, dass die Engel sich bei ihnen niederließen und bei uns nicht; denn die großen Gesetze, die die Welt regieren, sind heute noch dieselben wie damals. Wenn keine Engel zu uns treten und uns dienen, so kommt das bloß daher, dass wir sie nicht einladen, weil wir die Türe schließen, durch die sie eintreten könnten.

Wenn wir mit diesem Geist des Friedens erfüllt werden, indem wir uns seinem Einströmen öffnen, so durchdringt er uns ganz und gar, sodass wir ihn mit uns tragen, wohin wir gehen, und wir werden wie ein Magnet, der von allen Seiten Frieden anzieht. Und je mehr wir davon anziehen und in uns verkörpern, desto mehr können wir auch andern davon geben. Wir können auf diese Weise eine so vollkommene Verkörperungen des Friedens werden, dass überall Segensströme von uns ausgehen. Erst vor ein oder zwei Tagen sah ich, wie eine Frau die Hand eines Mannes ergriff, dessen Gesicht den in ihm wohnenden Gott deutlich erkennen ließ, und zu ihm sagte: »Es tut mir so gut, Sie zu sehen. Während der letzten Stunden war ich in Sorge und bin fast verzweifelt, aber Ihr bloßer Anblick hat die Last von mir genommen.«

Rings um uns gibt es Menschen, die fortwährend Segen und Trost ausströmen, deren bloße Gegenwart Sorge in Freude, Furcht in Mut, Verzweiflung in Hoffnung, Schwäche in Kraft zu verwandeln scheint. Wer zur Erkenntnis seines wahren Selbst gelangt ist, der hat diese Kraft in sich und strahlt sie aus, wo er geht. Er hat, wie wir es nannten, seinen Wesenskern gefunden. Und in dem großen Weltall gibt es nur einen Pol: die unendliche Macht, die in uns allen und durch uns alle wirkt. Wer also seinen Wesenskern gefunden hat, der ist zur Einheit mit dieser unendlichen Macht gelangt, der erkennt sich als ein geistiges Wesen, denn Gott ist Geist.

Ein solcher ist ein Mann der Kraft. Indem er seinen Wesenskern im Unendlichen gefunden hat, hat er sozusagen eine Verbindung zwischen sich und der großen Kraftquelle des Weltalls hergestellt und zieht fortwährend von überallher Kräfte an sich. Denn durch diesen Kern, diese Erkenntnis seiner selbst und seiner Kraft, werden alle Gedanken, die von ihm ausgehen, zu Kräften, und nach dem Gesetz, dass Gleiches von Gleichem angezogen wird, zieht er fortwährend von allen Seiten die Hilfe derer an, deren Gedanken ebenfalls zu Kräften werden, und so steht er in Verbindung mit der ganzen Gedankenwelt des Weltalls.

So wird »dem gegeben, der da hat«. Dies ist die einfache Auswirkung eines Naturgesetzes. Starke, kraftgeladene und deshalb aufbauende Gedanken eines Menschen arbeiten fortwährend für seinen Erfolg und bringen ihm zugleich Unterstützung von allen Seiten. Die Dinge, die er denkt, die er in der Idee schafft, verkörpern sich durch die Wirkung dieser starken, aufbauenden Gedanken und nehmen wirkliche Gestalt an: Stille unsichtbare Kräfte sind an der Arbeit, und ihr Werk wird früher oder später sichtbar in Erscheinung treten.

In den Geist eines solchen Mannes kommen niemals Furcht oder ähnliche Stimmungen, oder wenn sie kommen, so werden sie sofort überwunden und beeinflussen ihn nicht, auch nicht von außen. Er zieht solche Gedanken nicht an, denn er befindet sich in einer ganz andern Gedankenströmung; deshalb haben die schwächenden und Misserfolg mit sich bringenden Gedanken der furchtsamen, unentschlossenen und schwarzseherischen Menschen in seiner Umgebung keine Wirkung auf ihn. Wer aber von verneinender, furchtsamer Art ist, dessen seelische und körperliche Kräfte werden durch den Einfluss der in ihm entstehenden Gedanken geschwächt oder gänzlich gelähmt, und außerdem setzt er sich selbst mit der ganzen zersetzenden Gedankenwelt im Weltall in Verbindung. Und in dem Maß, in dem dies geschieht, wird er das Opfer aller schwachen, furchtsamen und verneinenden Geister seiner Umgebung. Statt an Kraft zuzunehmen, wird er immer schwächer. Er befindet sich in derselben Strömung wie die, von denen das Wort gilt: »Wer aber nicht hat, dem wird auch genommen, was er hat.« Auch dies ist, wie das Gegenteil, einfach die Wirkung eines Naturgesetzes. In der Furcht zu verlieren, was ich habe, verberge ich es im Schweißtuch: Dann muss ich aber auch den Preis zahlen, den diese Furcht kostet.

Kraftvolle Gedanken bauen Kraft von innen auf und ziehen Kraft von außen an, schwächliche Gedanken machen schwach von innen und ziehen Schwäche von außen an. Mut gebiert Kraft, Furcht gebiert Schwäche, und so gebiert Mut Erfolg, Furcht aber Misserfolg. Nur ein Mensch, der Glauben und deshalb Mut hat, ist Meister über die Umstände und macht seine Kraft in der Welt fühlbar. Ein Mensch, dem der Glaube fehlt und der deshalb durch Furcht und Sorgen geschwächt und gelähmt ist, wird zum Geschöpf aller zufälligen Ereignisse.

In jedem liegt die Ursache dessen, was ihm begegnet, jeder hat es in seiner Hand, das zu bestimmen. Alles, was wir in der sichtbaren materiellen Welt wahrnehmen, nimmt seinen Ursprung in der unsichtbaren, der geistigen, der Gedankenwelt: Sie ist die Welt der Ursachen, die andere ist die Welt der Wirkungen, beide stehen in genauem Verhältnis zueinander. Was ein Mensch in seiner unsichtbaren Gedankenwelt erlebt, das verwirklicht er unaufhörlich in der sichtbaren materiellen Welt: Wenn er in dieser etwas verändern will, so muss er die Veränderung zuerst in jener Welt vornehmen. Tausenden von Männern und Frauen, die jetzt verzweifeln, wäre geholfen, Tausende, die jetzt krank und leidend sind, würden Gesundheit, überströmende Gesundheit und Kraft erlangen, Tausende, die jetzt unglücklich und unruhig sind, würden mit Frieden und Freude erfüllt, wenn sie zur Erkenntnis dieser großen Wahrheit gelangten.

Tausende um uns leben in beständiger Sklaverei der Furcht. Ihr Geist, der stark und kraftvoll sein sollte, ist in Wirklichkeit schwach und kraftlos, ihre Energie ist gelähmt, ihre Wirkung vernichtet. »Überall herrscht die Furcht: Furcht vor Mangel, Furcht vor Hunger, Furcht vor der öffentlichen Meinung, Furcht vor dem Urteil einzelner Menschen, Furcht vor dem Verlust unseres Eigentums, Furcht vor Krankheit, Furcht vor dem Tod. Die Furcht ist für Millionen ein bleibender Geisteszustand geworden: Sie ist überall, und von überallher werden wir durch sie beeinflusst. Aber in beständiger Angst, beständiger Sorge, beständiger Furcht vor irgendetwas leben, sei's der Verlust der Liebe oder des Geldes oder der Stellung – dieser Zustand ist das wirksamste Mittel, ebendas zu verlieren, dessen Verlust wir fürchten.«

Nichts gewinnen wir durch die Furcht, aber wir können im Gegenteil alles durch sie verlieren. Da sagt nun mancher: »Ich weiß, dass das wahr ist, aber ich bin nun einmal von furchtsamer Natur: Dies ist meine Art, ich kann nichts dagegen machen!« Du kannst nichts dagegen machen? Eben indem du das sagst, zeigst du eine Hauptursache deiner Furcht: Sie liegt darin, dass du dich selbst noch nicht kennst. Du musst dich aber selbst kennen, damit du deine Kräfte kennenlernst, denn sonst kannst du sie nicht voll benützen. Sage nicht, du könntest nichts dagegen machen. Wenn du glaubst, du könntest nichts machen, dann allerdings schaffst du die Wahrscheinlichkeit, dass du es wirklich nicht kannst. Wenn du aber glaubst, dass du etwas tun kannst, und nun nach diesem Gedanken handelst, dann ist es nicht bloß wahrscheinlich, dass du es kannst, sondern dann ist es absolut sicher. Als Virgil angeben sollte, welche Partei nach seiner Meinung gewinnen werde, sagte er:

»Diese gewinnen, weil sie überzeugt sind, dass sie gewinnen werden.« Eine derartige Haltung des Geistes gibt dem Körper solche Kraft, dass er den Preis gewinnt.

Also glaube, dass du kannst. Halte diesen Gedanken fest, wenn auch zunächst nur wie ein Samenkorn, pflanze ihn in dein Bewusstsein und pflege ihn – dann wird er allmählich wachsen, und von überallher wird ihm Kraft zuströmen. Er wird die geistige Kraft in dir, die jetzt zerstreut und darum kaum wirksam ist, zusammenraffen und sie stark und wirksam machen. Er wird Kraft von außen an sich ziehen und ebenso die Einflüsse anderer Geister, die seiner eigenen Natur ähnlich, nämlich furchtlos, stark und mutig sind. So wirst du jene ganze Gedankenwelt an dich ziehen und dich mit ihr in Verbindung setzen. Wenn du ernst und treu bist, so wird die Zeit bald kommen, in der du von jeder Furcht frei wirst, und statt die Verkörperung der Schwäche und das Geschöpf der Umstände zu sein, wirst du ein starker Turm und Herr über die Umstände werden.

Wir brauchen mehr Glauben im gewöhnlichen Leben, Glauben an die Kraft, die Gutes wirkt, Glauben an den unendlichen Gott und damit auch Glauben an uns selbst, die wir nach seinem Bilde geschaffen sind. Und wie es auch gehen mag, wie dunkel die Zeiten manchmal scheinen: Wenn wir nur wissen, dass die oberste Macht uns leitet, ebenso wie sie die Sonnen und die unzähligen Weltsysteme im Raum leitet, so wird uns das den sicheren Glauben verleihen, dass alles gut ist für uns, so gewiss, wie alles in der Welt gut steht. »Wessen Geist in dir ruht, dem wirst du vollkommenen Frieden verleihen.«

Nichts ist fester und sicherer als die positive Lebensenergie des Alls. Wenn wir die Wahrheit erkennen, dass es in unserer Hand liegt, uns immer völlig dieser unendlichen Macht zu öffnen und sie in und durch uns offenbar werden zu lassen, dann werden wir ein immer zunehmendes Gefühl von Kraft in uns verspüren. Denn auf diese Weise arbeiten wir im Bunde mit dieser Macht und ebenso sie mit uns. Wir kommen dann zur vollen Erkenntnis der Wahrheit, dass »denen, die das Gute lieben, alle Dinge zum Besten dienen müssen«. Dann werden Furcht und Sorge, die uns früher beherrscht haben, sich in Glauben verwandeln, und dieser Glaube, wenn er richtig verstanden und richtig angewandt wird, ist eine Kraft, der nichts widerstehen kann.

Der Materialismus führt naturgemäß zum Pessimismus. Wie könnte es anders sein? Die Erkenntnis dagegen, dass eine geistige Kraft in und durch uns wirkt, wie in allen und durch alle Dinge, und dass sie »auf Gerechtigkeit hinarbeitet«, diese Erkenntnis führt zum Optimismus. Der Pessimismus macht schwach, der Optimismus macht stark. Wer den Kern allen Seins, also auch seines eigenen Ich, in Gott gefunden hat, der übersieht nicht bloß jeden Sturm, sondern er ist durch seinen Glauben und das Bewusstsein der Kraft, die in ihm wirkt, imstande, im Sturm so ruhig und heiter zu sein wie im Sonnenschein, denn er weiß im Voraus, was das Ende sein wird. Er weiß: »Unten sind ewige Arme«; er erfährt die Wahrheit, die in der Mahnung liegt: »Sei stille dem Herrn und warte auf ihn, er wird dir geben, was dein Herz wünschet« (Psalm 37, 7 und 4). Alles wird dem gegeben, ganz einfach gegeben, der bereit ist, es zu empfangen. Kann etwas klarer sein als das?

Je inniger wir bei unserm Wirken mit der höchsten Macht vereint sind, desto weniger brauchen wir uns um den Erfolg zu kümmern. In der Erkenntnis dieser Wahrheit leben, das bringt Frieden, vollen, reichen und bleibenden Frieden, einen Frieden, der die ganze Gegenwart erfüllt und der uns die Versicherung gibt, dass wir stark sein werden, solange wir leben.

9 Die Fülle der Kraft

Gott ist der Geist unendlicher Kraft, und in dem Maß, wie wir uns ihm öffnen, wird diese Kraft in uns offenbar. »Bei Gott sind alle Dinge möglich« – das bedeutet: Mit Gott sind uns alle Dinge möglich. Das wahre Geheimnis der Kraft liegt darin, dass wir unsere Verbindung mit Gott, der alles wirkt, aufrechterhalten, und wenn wir das tun, so werden wir fähig, über alle nur denkbaren Schranken hinauszukommen.

Warum also die Zeit verschwenden, indem wir dahin und dorthin laufen, um Kraft zu erlangen? Warum steigen wir nicht geradewegs auf den Gipfel des Berges, anstatt auf allen Pfaden in den Tälern und an den Abhängen umherzustreifen? Der Mensch, der die Welt beherrschen soll, wie in allen heiligen Schriften der Welt gelehrt wird, ist nicht der stoffliche, sondern der geistige Mensch. Es gibt viele Tiere, die größer und stärker sind als der Mensch, über die er mit seinen Körperkräften niemals herrschen könnte: Aber er bezwingt auch sie, weil er die höheren Seelen- und Geisteskräfte in Tätigkeit setzt, mit denen er ausgerüstet ist.

Was in der stofflichen Welt unmöglich ist, wird in der geistigen möglich. Und genauso weit, wie ein Mensch sich selbst als Geist erkennt und demgemäß lebt, übertrifft er auch den an Stärke, der sich nur als Materie erkennt. Alle heiligen Schriften der Welt sind voller Beispiele von dem, was wir Wunder nennen. Diese Wunder sind keineswegs auf eine bestimmte Zeit oder Örtlichkeit beschränkt, es gibt keine besonderen Zeiten für Wunder. Was irgendwann einmal in der Geschichte möglich war, das kann auch heute noch durch dieselben Gesetze und Kräfte vollbracht werden. Die Wesen, die diese Wunder taten, waren nicht etwas Höheres als Menschen, aber durch die Erkenntnis ihrer Einheit mit Gott wurden sie Gottmenschen, sodass höhere Kräfte durch sie wirkten.

Was ist eigentlich ein Wunder? Ist es etwas Übernatürliches? Allerdings, aber nur insofern, als es über das Natürliche hinausgeht, oder eigentlich nur über das, was dem Menschen in seinem gewöhnlichen Zustand als natürlich erscheint. Ein Wunder ist nicht mehr und nicht weniger als ein Vorgang folgender Art: Ein Mensch kommt zur Erkenntnis seiner wahren Einheit und Wesensübereinstimmung mit der alles durchdringenden Weisheit und Macht, und dadurch wird es möglich, dass Gesetze ihm offenbar werden, höher als die, von denen der gewöhnliche Mensch weiß. Von diesen Gesetzen macht er Gebrauch: Die Leute sehen den Erfolg, und da ihre Kraft in so enge Schranken gebannt ist, nennen sie ihn ein Wunder und sprechen von dem, der diese ihrer Meinung nach übernatürlichen Taten getan, als von einem übernatürlichen Wesen. Aber auch sie sind solche übernatürliche Wesen und könnten die gleichen übernatürlichen Taten vollbringen, wenn sie sich der Erkenntnis der gleichen Gesetze öffneten und dadurch dieselben Fähigkeiten und Kräfte erlangten.

Und wir müssen bedenken, dass je mehr wir im Entwicklungsprozess von niederen zu höheren, von materielleren zu geistigeren Stufen fortschreiten, desto gewisser das Übernatürliche von gestern zum Gewöhnlichen und Natürlichen von heute wird: Ebenso wird, was heute übernatürlich scheint, morgen natürlich sein, und so geht es durch alle Zeiten fort. Es ist der Gottmensch, der die übernatürlich scheinenden Taten vollbringt, der Mensch, der durch seine Erkenntnis der höheren Kräfte über die Masse emporragt. Aber jede Kraft, die eine Menschenseele erworben hat, ist auch den andern zugänglich, dieselben Gesetze sind in jedem Leben wirksam. Wir können Menschen voll Kraft oder auch ohnmächtig sein. In dem Augenblick, da einer klar erkennt, dass er etwas Höheres werden kann, wird er es auch, und es gibt keine anderen Schranken für ihn, als die, die er sich selber setzt. Rahm steigt immer an die Oberfläche – einfach deshalb, weil es zu seiner Natur gehört, nach oben zu steigen.

Wir hören heute so viel von Umgebung, von »Milieu«. Aber wir müssen einsehen, dass niemals die Umgebung den Menschen machen sollte, sondern dass der Mensch immer seine Umgebung beeinflussen soll und dass er es immer kann. Wenn wir das einsehen, werden wir auch erkennen, dass es in vielen Fällen gar nicht nötig ist, aus einer bestimmten Umgebung herauszutreten, weil wir vielleicht noch auf sie einwirken können und sollen: Aber auch durch die Kraft, die wir in uns tragen, können wir die Dinge so beeinflussen und verändern, dass wir in der alten Umgebung ganz neue Wirkungsmöglichkeiten haben.

Dasselbe gilt für »erbliche« Charakterzüge und Einflüsse. Wir hören manchmal die Frage, ob auch diese überwunden werden können? Aber nur wer sich selbst noch nicht kennt, kann so fragen. Wenn wir den Glauben hegen und danach leben, dass man sie nicht überwinden kann, dann ist es allerdings sehr wahrscheinlich, dass sie immer verharren werden. Sobald wir aber unser wahres Selbst und damit die gewaltigen Kräfte in uns erkennen, die Kräfte des Verstandes und des Geistes, dann werden auch all die »verderblichen, erblichen« Charakterzüge und Einflüsse schwächer werden und umso schneller verschwinden, je mehr wir diese Kräfte erkennen.

Nichts gibt es, das dir unbezwinglich bliebe:
Drum sage nicht, dass eine böse Lust
Dir angeboren sei und so dein Leben
Der Strafe weihe, die du nicht verdienst.
Denn vor den Eltern, vor den Ahnen steht
Der ewige große Wille, und auch er
Ist dir vererbt in göttlich schöner Stärke,
Und er schafft Sieg dir, bist du seiner mächtig.
Zur höchsten Höhe kannst getrost du steigen,
Und jeden Sieg gewähret dir die Zukunft,
Nur darfst du nicht verzagen, wenn du fehltest:
Nein, stütze dich auf Gottes festen Stab!

Kein irdisch Werk ist je zu schwer für dich,
Fühlst du als Teil dich des Unendlichen:
Nichts kann des Geistes Kräften widerstehen,
Denn göttlich ist das Erbteil deiner Seele.

Freilich verläuft für viele das Leben weit unterhalb der Grenze dessen, was ihnen möglich ist; aber das kommt daher, dass sie ihr eigenes Ich beständig an andere ausliefern. Willst du eine Kraft in der Welt darstellen? Dann sei du selbst. Rechne dich nicht in irgendeine Klasse ein, lass dich nicht in die Klasse der Menschen aus zweiter Hand einreihen, der Menschen, deren Leitwort ist: »Die Leute sagen«.

Gib deine Persönlichkeit, die deine größte Kraftquelle ist, nicht der Gewohnheit und der Herkömmlichkeit preis.

Diese verdanken ihr Dasein jener großen Masse von Menschen, die nicht genug Kraft besitzen, ihre Persönlichkeit zu behaupten, die sich zu jenem »Brei von Zugeständnissen« haben zerkochen lassen, den einer unserer größten Schriftsteller das Hauptkennzeichen der modernen Gesellschaft nennt. Wenn du dein Ich auf diese Weise preisgibst, so trägst du nur dazu bei, diesen widerwärtigen Zustand zu verstärken. Die Folge davon ist, dass du zum Knecht wirst, und nach einiger Zeit werden auch diejenigen Achtung vor dir verlieren, denen du damit hast gefallen wollen.

Wenn du dein Ich bewahrst, so wirst du Herr werden, und wenn du deine Herrschaft weise und unaufdringlich benützst, so werden dein Einfluss und deine Kraft dazu beitragen, dass die Zustände in der Welt besser und gesünder werden. Und die Menschen werden viel höher von dir denken und dich viel mehr achten, als wenn du deine Schwäche zeigst und selber zu jenem »Brei von Zugeständnissen« gehörst, zu dem so viele beitragen. Du wirst auf alle Klassen von Menschen Einfluss bekommen. »Ein großer Held gewinnt gleichmäßig alle Klassen, die äußersten Enden der Gesellschaft, bis, wie man sagt, sogar die Hunde an ihn glauben.«

Du selbst zu sein ist das Einzige, was deiner würdig ist, das Einzige, was dir genügen kann. »Könnte es aber nicht vielleicht eine vorteilhafte Politik sein, dass man sich manchmal von seiner Umgebung beherrschen lässt?« Die einzig vorteilhafte Politik für dich ist zuerst und zuletzt und immer, du selbst zu sein.

> Vor allem andern sei dir selber treu:
> Denn daraus folgt so wie die Nacht dem Tage,
> Du kannst nicht falsch sein gegen irgendwen.
>
> (Hamlet)

»Wenn wir nur von dem Höchsten uns leiten lassen und unser Leben von diesem Grundsatz regiert wird, dann beherrscht uns weder die Furcht vor der öffentlichen Meinung noch die vor der Missbilligung anderer, und wir dürfen sicher sein, dass der Höchste auf unsrer Seite ist. Wenn wir irgendwie versuchen, es andern recht zu machen, werden wir's ihnen niemals recht machen: Und je mehr wir es versuchen, desto unvernünftiger werden ihre Ansprüche an uns. Die Leitung deines Lebens ist eine Sache, die nur dich und Gott angeht, und falls du dich von anderer Seite beeinflussen und in bestimmte Richtungen drängen lässt, dann bist du auf dem falschem Weg.« Wenn wir das Reich in uns selber entdecken und unseren Wesenskern im Unendlichen finden, dann werden wir »uns selber ein Gesetz« (Röm. 2, 14). Dann sind wir auch imstande, andern höhere Gesetze zu zeigen als die, denen sie gehorchen und deren Sklaven sie sind.

Sobald wir diesen Kern gefunden haben, zeigt unser Leben jene schöne Einfachheit, die den Zauber und zugleich die Macht einer wirklich großen Persönlichkeit bildet. Dann verschwindet auch alles Haschen nach äußerem Schein, das sichere Anzeichen der Schwäche und des Mangels an angeborener Kraft. Diese so weit verbreitete

Sucht aufzufallen, ist immer ein Anzeichen, dass irgendetwas fehlt. Man denkt unwillkürlich an den Mann, der ein Pferd mit abgeschnittenem Schwanz reitet. Er weiß, dass er selbst keinerlei Aufmerksamkeit erregen kann, und so schneidet er, in Gemeinschaft mit andern Schwächlingen, seinem Pferd den Schwanz ab, damit dessen unnatürliches und auffallendes Aussehen nun die Aufmerksamkeit der Leute erregt, die er selbst nicht auf sich ziehen konnte.

Wer um jeden Preis Aufsehen erregen will, den halten die andern doch immer mehr zum Narren als er sie. Ein Mensch von wirklicher Weisheit und Einsicht sieht alle Beweggründe derer, mit denen er in Berührung kommt. »Der ist groß, der das, was er ist, von Natur ist und uns nicht an irgendjemand andern erinnert.«

Männer und Frauen, die sich wirklich der wahren Kräfte in ihrem Innern bewusst sind, scheinen wenig zu tun, und doch tun sie in Wirklichkeit viel. Sie scheinen wenig zu tun, weil sie mit höheren Kräften arbeiten, aber dies ist ebender Grund, dass sie so viel tun. Sie tun ihr Werk auf einer höheren Ebene: Sie bewahren ihre Verbindung mit der unendlichen Macht so eng, dass diese für sie wirkt und ihnen die Verantwortung abnimmt. Sie sind wirklich sorgenlos, eben weil die unendliche Macht durch sie wirkt und sie einfach ihre Mitarbeiter sind.

Das Geheimnis der höchsten Kraft liegt darin, dass wir die äußeren Mittel mit der Kraft verbinden, die von innen heraus wirkt.

Bist du ein Maler? Dann wirst du ein großer, statt ein mittelmäßiger Maler werden, wenn du dich dieser inneren Kraft öffnest. Es gibt keine höheren Eingebungen, denen du Gestalt verleihen kannst, als die, die durch deine eigene Seele zu dir kommen. Dazu musst du deine Seele aber für die höchste Quelle aller Erleuchtung öffnen.

Bist du ein Redner? Je mehr du mit den höheren Kräften, die durch dich reden, in Harmonie kommst und mit ihnen zusammenwirkst, desto größer wird deine Kraft werden, Menschen zu packen und zu bewegen. Wenn du bloß deine äußeren Mittel benützt, wirst du nichts als ein Demagoge sein. Wenn du dich aber so öffnest, dass die Stimme Gottes durch dich reden kann, dann wirst du ein großer und wahrer Redner werden.

Bist du ein Sänger? Dann öffne dich und lass den Gott in dir in deinem Gesang ausströmen. So wird es dir tausendmal leichter werden als durch lange und schwierige Übungen ohne diese Hilfe, und deine Stimme wird eine so bezaubernde Macht erlangen, dass sie unwiderstehlich alle Hörer mitreißt.

Wenn mein Zelt oder meine Hütte während des Sommers am Rand oder inmitten eines Waldes aufgeschlagen war, lag ich manchmal am frühen Morgen bei Tagesanbruch wach auf meinem Lager. Zuerst Stille, dann ein vereinzeltes Zwitschern. Traten die Farben des Tages allmählich hervor, wurde es immer stärker, bis schließlich der ganze Wald in einem großen Chor zu singen schien. Wunderbar! Es schien, als ob die Bäume selbst, als ob jeder Grashalm, die Büsche, der Himmel droben und die Erde unten an dieser wunderbaren Symphonie teilhätten. Wenn ich so zuhörte, dachte ich: Was für ein Studium gäbe das für den Gesang! Wenn wir von den Vögeln lernen könnten! Wenn wir uns denselben Kräften öffneten und uns von ihnen durchströmen ließen, was für Sänger könnten wir haben, wie könnten sie die Menschen bewegen! Und wir können sie haben!

Kennst du die Umstände, unter denen Sankey, der bekannte Evangelist, sein Lied *»Die Neunundneunzig«* zum ersten Mal sang? Eine unserer besten Zeitungen berichtete darüber: »Bei einer großen Versammlung in Denver erzählte Ira W. Sankey vor dem Gesang die Entstehung seines Liedes *›Die Neunundneunzig‹*, das von allen Kompositionen am meisten zu seinem Ruhm beigetragen hat. Als er mit Moody von

Glasgow nach Edinburg abfuhr, kaufte er sich an einem Zeitungsstand ein religiöses Blatt. Beim Durchlesen während der Fahrt fiel sein Auge auf ein paar kurze Verse in der Ecke einer Seite. Er sagte zu Moody: ›Jetzt habe ich mein Lied gefunden‹. Aber Moody war eben beschäftigt und hörte es nicht. Sankey fand keine Zeit, eine Melodie zu den Versen zu machen und klebte sie deshalb in das Buch, in das er sich musikalische Notizen zu machen pflegte. Eines Tages nun hatten sie eine ungewöhnlich eindrucksvolle Versammlung in Edinburg, auf der Doktor Bonar mit großer Wirkung über den guten Hirten sprach. Am Schluss bat Moody seinen Begleiter, er möge etwas singen. Sankey dachte zuerst an den dreiundzwanzigsten Psalm, aber den hatte er schon sehr oft gesungen. Sein zweiter Gedanke war, die Verse zu singen, die er in jenem Blatt gefunden hatte. Als dritter Gedanke kam ihm die Frage, wie das möglich sei, da er doch keine Melodie dazu habe. Dann aber kam ein vierter Gedanke, und der war, dass er sie trotzdem singen solle. Er stellte das Blatt vor sich hin, legte seine Hände auf die Tasten des Harmoniums, öffnete den Mund und sang, ohne zu wissen, wie die Sache ausgehen würde. Unter tiefem Schweigen der Zuhörer beendete er den ersten Vers, tat einen langen Atemzug und dachte dann, ob er wohl den zweiten nach derselben Melodie werde singen können. Er versuchte es, und siehe da, es gelang, und die nächsten Verse gingen dann leicht. Als er mit dem ganzen Lied fertig war, war die ganze Versammlung in Tränen aufgelöst, und viele schluchzten laut. Sankey sagt, dies sei der Augenblick der größten Spannung in seinem Leben gewesen, und Moody sagt, er habe niemals so etwas von Gesang gehört. Das Lied wurde bei jeder Versammlung gesungen und war bald weltbekannt.«

Wenn wir uns für die höchsten Eingebungen öffnen, so bleiben sie niemals aus; wenn wir es aber unterlassen, dann werden wir niemals das Höchste leisten, was wir auch unternehmen.

Bist du ein Schriftsteller? Dann bedenke, dass es nur eine große Regel für alles erfolgreiche literarische Schaffen gibt: Schaue in dein eigen Herz und dann schreibe; sei wahrhaftig, sei furchtlos und sei dem treu, was dein Inneres dir gebietet. Bedenke, dass kein Autor etwas schreiben kann, was mehr wert ist als er selbst: Will er etwas Wertvolleres schreiben, so muss er erst selbst wertvoller werden. Er ist nur sein eigener Sekretär und schreibt sein eigenes Selbst in das Buch: Er kann also nicht mehr hineinlegen, als in ihm selbst enthalten ist.

Wenn er eine große Persönlichkeit ist, von entschlossenen Vorsätzen und tiefem Gefühl, immer offen für die höchsten Offenbarungen, dann wird etwas, das man nicht näher beschreiben kann, in sein Buch übergehen und ihm eine so lebendige Kraft mitteilen, dass jeder Leser dieselben Offenbarungen erhält, die der Autor empfangen und weitergegeben hat. Was zwischen den Zeilen steht, ist oft viel mehr, als was in den Zeilen steht. Es ist der Geist des Autors, von dem diese Kraft ausgeht, er gibt die fünfundzwanzig oder dreißig Prozent Mehrwert, die ein Buch aus der Mittelsorte herausheben und es erstrangig machen, das eine Prozent, durch das es zu dem einzigen unter hundert wird, das Erfolg hat, während die neunundneunzig andern nie eine zweite Auflage erleben.

Dieselbe geistige Kraft, die eine große Persönlichkeit in ihr Buch hineinarbeitet, bewirkt auch, dass es so rasch immer neue Leser findet; denn der einzige Weg, auf dem ein Buch zirkuliert, ist schließlich doch der von Mund zu Mund, und nur auf diesem Weg findet es einen weiten Kreis. Nur aus diesem Grund, weil es ihm selbst wertvoll geworden ist, kauft so mancher ein Buch in vielen Exemplaren, um sie an andere zu verschenken. »Ein gutes Gedicht«, sagt Emerson, »wandert über die ganze Welt, indem es sich verständnisvollen Menschen aufdrängt, die es mit Freuden lesen und an verständnisvolle Bekannte weitergeben. So zieht es die weisen und edlen Seelen an, indem es ihre geheimsten Gedanken ausspricht und bestätigt, und durch ihr Wohlgefallen sorgt es selbst für seine Verbreitung.«

Ein Autor, der so denkt, schreibt nicht mit der Idee, dass sein Buch zur Literatur gehören wird, sondern er hat nur den einen Gedanken, den Menschen ans Herz zu dringen, ihnen etwas Lebendiges und Wertvolles zu geben, das ihr Leben größer, reicher und schöner macht, das ihnen hilft, ein höheres Leben und damit höhere Kräfte und höhere Freuden zu erlangen. Aber sehr oft, wenn es ihm so gelingt, den Menschen ans Herz zu dringen, dann macht sich die Sache mit dem »zur Literatur gehören« ganz von selbst und viel besser, als wenn er es von vornherein darauf abgesehen hätte.

Wer sich aber fürchtet, von den altbegangenen Pfaden abzuweichen, wer sich durch willkürliche Regeln einengen lässt, der beschränkt damit seine eigenen schöpferischen Kräfte. »Mein Buch«, so sagt einer der größten modernen Schriftsteller, »soll vom Tannenduft durchwürzt und vom Summen der Käfer durchtönt sein. Die Schwalbe über meinem Fenster soll die Flocke und den Strohhalm in ihrem Schnabel auch in mein Nest tragen.« Recht so, du weiser Mann: Viel lieber Tannenduft und Käfergesumm im Buch, als dass man ihm die Regeln anmerkt, die kleine Menschen aus den Werken einiger großer und furchtloser Schriftsteller deiner eigenen Art ausgezogen und zu einem Handbuch der Sprachkunst verarbeitet haben. »Der Mann ist zu nichts nütze, der nur darauf sinnt, etwas genau so zu machen, wie ein andrer es schon gemacht hat, der nicht einsieht, dass heut ein neuer Tag ist.«

Auf die Anklage gegen Shakespeare, dass er aus allerlei Quellen geschöpft habe, sagt Landor: »Er war aber doch origineller als seine Originale, er hauchte auf Leichen und machte sie lebendig.« Solcherart ist der Mann, der sich nicht auf den Wegen der Welt vorwärts bewegt, sondern es fertig bringt, dass die Welt sich auf seinem Weg vorwärtsbewegt.

Lieber ein Mitarbeiter Gottes sein – was ich im wörtlichsten Sinne sein kann – als ein Knecht der Anschauungen eines Kritikers oder der Regeln, die irgendein Sprachkünstler aufgestellt hat! Ich will doch den Menschen etwas geben, was ihnen die jeden Tag erneuten Kämpfe des Lebens erleichtert, ich will ihnen hier eine kleine Freude, da eine kleine Hoffnung geben, etwas, was diesen gedankenlosen tierähnlichen Mann denkender, gütiger und edler macht, was die schlummernden Kräfte jener furchtsamen, zaghaften Frau aufweckt, sodass sie unwiderstehlichen Einfluss gewinnt und über sich selbst erstaunt. Etwas geben möchte ich, was alle zu der Erkenntnis bringt, dass eine jede Menschenseele wahrhaft göttlich ist, was jeden dazu bringt, dass er seine eigene Göttlichkeit und mit ihr allen Reichtum, alle Herrlichkeit und alle Kraft seiner eigenen Seele erkennt. Wenn ich das erreiche, dann kann es mir völlig gleichgültig sein, ob die Kritiker mich loben oder tadeln. Wenn sie mich tadeln, so ist es wie das Krachen einiger dürrer Zweige auf dem Boden, während der laue Frühlingswind mit herrlichem Brausen durch die Wipfel der Bäume zieht.

Bist du ein Prediger oder sonst ein Lehrer in der Religion? Dann mache dich frei von dem Menschenwerk der theologischen Dogmen, die von jeher für viele Menschen eine Fessel und Schranke waren und es noch heute sind, und öffne dich dem göttlichen Atem: In dem Maß, in dem du dies tust, wirst du ein Mann werden, der »gewaltig predigt und nicht wie die Schriftgelehrten« (Matth. 7, 29), du wirst weniger die Propheten lesen, aber dafür selbst ein Prophet werden. Dieser Weg steht dir ebenso offen, wie er jenen offen stand.

Wenn du innerhalb der englisch sprechenden Völker zur Welt gekommen bist, so bist du höchstwahrscheinlich ein Christ. Ein Christ sein aber heißt: den Lehren Jesu Christi nachfolgen, nach denselben Gesetzen leben wie er, kurz: das Leben Christi leben. Die große Grundwahrheit seiner Lehre aber war die bewusste Einheit des Menschen mit dem Vater. Dass er selbst diese Einheit vollkommen verwirklichte, das hat Jesus zum Christus gemacht: Dadurch erlangte er die Kraft zu reden, wie noch kein Mensch geredet hat.

Er nahm nichts für sich in Anspruch, was er nicht allen Menschen gleichmäßig zuschrieb. Die großen Taten, die er vollbrachte, waren nichts Außergewöhnliches, sie waren natürliche und notwendige Folgen aus seiner Eigenart. Er sagte von ihnen, dass sie mit unveränderlichen höheren Ordnungen im Einklang stehen, er bezeichnete sie nie als einzigartige Handlungen, sondern als Leistungen eines geistigen Höhenflugs, zu dem jedermann befähigt sei, wenn er nur den rechten Willen habe. »Wer an mich glaubt, der wird die Werke auch tun, die ich tue, und wird größere als diese tun« (Joh. 14, 12). Er hat selbst gesagt, er sei ein Lehrer und Wahrheitsverkündiger, aber er hat nichts getan, was eine einzigartige Göttlichkeit bewiese. Sein Leben und sein Sieg haben eine neue Epoche in der Geschichte des Menschengeschlechts herbeigeführt: Er brachte ein neues und vollkommenes Ideal in diese Welt, und als die drei Jünger, die ihm am nächsten standen, das Wesen dieses neuen Lebens – wenn auch noch nicht vollkommen – erkannten, da fielen sie auf ihr Angesicht, sprachlos vor Ehrfurcht und Bewunderung (Matth. 17, 1–6).

Jesus hat die vollkommene Einheit mit dem Vater erreicht, er hatte alle Umstände seines Lebens, sogar seinen Tod, vollkommen in seiner Gewalt, er hat uns die großen Gesetze gezeigt, die für uns die gleichen sind wie für ihn: Und damit hat er uns ein Ideal des Lebens gegeben, das wir ohne ihn nicht hätten, das wir aber hier und jetzt verwirklichen müssen. Einer hat zuerst gesiegt, nach ihm können alle siegen. Dadurch, dass er das große Gesetz der Vereinigung mit dem Vater zuerst für sich selbst befolgt und dann auch andern gezeigt hat, ist er wahrscheinlich der größte Erlöser der Welt geworden.

Aber verwechsle nicht seine Person mit seinem Leben und seiner Lehre; diesen Irrtum haben die Schüler fast aller großen Lehrer begangen. Hast du bisher einen toten Christus gepredigt, dann bitte ich dich um der Menschheit willen, um Christi willen, um Gottes willen: Stiehl den Menschen nicht länger ihre Zeit und verschwende deine eigene nicht länger, indem du den Leuten Steine statt Brot, tote Buchstaben statt den Geist lebendiger Wahrheit gibst. Er hat selbst gesagt: »Lass die Toten ihre Toten begraben« (Matth. 8, 22). Trenne dich von ihnen, lehre, wie Jesus, der lebendige Christus, gelehrt hat. Lehre wie Jesus, der Christus in dir, gelehrt hat. Erkenne dies in all seiner überschwänglichen Schönheit und Kraft, erkenne es, wie Jesus es erkannt hat, dann wirst auch du »gewaltig predigen«, dann wirst du imstande sein, viele andere zu derselben Erkenntnis zu bringen. Das ist »die köstliche Perle«, von der Jesus redet (Matth. 13, 46).

Die Prediger, die unsere Kirchen leer predigen, das sind die, deren Seele noch keinen Hauch des lebendigen Geistes verspürt hat, der durch Jesu Lehre weht, und die deshalb dem Volk statt dieser lebendigen Wahrheit alte Formeln, Dogmen und Hirngespinste predigen. Ihre Haupttätigkeit scheint darin zu bestehen, dass sie die Menschen auf den Tod vorbereiten. Es gibt aber ein deutsches Sprichwort: *Tu niemals das Zweite vor dem Ersten.* Wir brauchen Männer, die uns als Erstes lehren, wie wir leben sollen, denn das Leben ist das Erste, der Tod ist das Zweite. Und das ist sicher: Wenn wir wissen, wie wir leben sollen, und unser Leben nach diesem Wissen einrichten, dann wird das rechte Sterben (wie wir es nennen) auf die einfachste Weise sich von selbst machen. Das ist der einzige Weg, auf dem wir überhaupt dazu gelangen können.

Weil die Leute müde sind, immerfort die Schale statt den

Kern zu erhalten, deshalb sind die Kirchen so leer. Daraus ziehen viele kurzsichtige Menschen den Schluss, dass die Religion im Aussterben begriffen ist. Die Religion aussterben? Wie kann etwas sterben, bevor es überhaupt geboren ist? Für die meisten Menschen gilt, dass bei ihnen die Religion jetzt erst geboren wird, oder richtiger, dass sie erst jetzt zu einer lebendigen Religion erwachen, die für das wirkliche Leben geeignet ist. Wir sind erst jetzt im Begriff, über den bloßen Buchstaben zum wirklichen lebendigen Geist durchzudringen. Die Religion aussterben? Unmöglich, das auch nur zu denken! Die Religion ist ebenso ein Stück der Menschenseele selbst, wie diese ein Stück von Gott ist; solange Gott und die Seele eins sind, kann die Religion nicht aussterben.

Allerdings, vieles ist zum Glück im raschen Aussterben begriffen, was nur Dogma, Formel, Zeremonie, bloßer Buchstabe ist, aber als Religion gegolten hat, und zwar, wie wir gerechterweise zugeben müssen, ehrlich dafür gehalten worden ist. Es stirbt auf doppelte Art aus. Viele Menschen sind damit so übersättigt, ja es ist ihnen so zum Ekel geworden, dass sie mit vollem Bewusstsein lieber gar nichts haben wollen als diese Art der Religion. Sie werfen es ganz einfach ab, wie ein Baum seine Blätter abwirft, wenn der Winter kommt. Daneben gibt es aber zahlreiche Menschen, in denen der göttliche Geist sich regt, die den Christus in uns in all seiner einzigartigen Schönheit und erlösenden Kraft entdecken. Dieses neue Leben stößt das alte ab, wie im Frühling das neue Leben, das in dem Baum erwacht, die alten toten Blätter abstößt, die im Winter noch hängen geblieben sind – so wird der Platz frei für neue. Und es ist ein eindrucksvoller und begeisternder Anblick zu sehen, wie überall diese Religion der welken Blätter abgestoßen wird.

An der Stelle derer, die unsere Kirchen leer gepredigt haben, indem sie Steine statt Brot, Schalen statt Kerne, Spreu statt Weizen gaben, sollten nur kurze Zeit solche Männer stehen, die für diese höheren Offenbarungen offen sind und in ihnen leben: Dann würde die Rede verstummen, die Religion sei am Aussterben. »Brennende Kohlen zünden, nicht ausgebrannte.« An ihre Stelle sollten diejenigen treten, die den Hauch des göttlichen Geistes verspürt und infolge davon eine Botschaft von höchstem Wert und größter Wichtigkeit zu verkündigen haben, und die ebendeshalb diese Botschaft mit solcher Schönheit und so hinreißender Kraft aussprechen können, dass sie alle Seelen gewinnen. Dann werden die Kirchen, in denen heute nur ein paar Dutzend Menschen sitzen, gedrängt voll werden, und es werden nicht alle Platz finden, die hereinwollen. »Die Muschel muss zugrunde gehen, damit die Perle zum Vorschein kommt.« Wir brauchen jetzt noch keine neuen Offenbarungen; wir müssen nur in denen, die wir schon haben, den lebendigen Geist entdecken. Dann, aber nicht früher, werden zu seiner Zeit, wenn wir darauf vorbereitet sind, schon neue kommen.

»Was die Menschenseele braucht«, sagt John Pulsford, »ist nicht, dass man sie mit der alt hergebrachten Religion anpredigt, wenn dies auch noch so beredt geschieht, sondern, dass ein Hauch von Gott sie durchwehe, entzücke und hinreiße, wärmer und kraftvoller, als sie es jemals verspürt hat. Und ich würde meine persönliche Erfahrung verleugnen, wenn ich nicht bezeugte, dass dieser göttliche Anhauch auf die Seele und ihre Natur genauso wirkt wie ein Junimorgen auf das Leben der Erde. Und die Bäume atmen nicht freier und entwickeln sich nicht herrlicher in der Morgenluft, als eine Menschenseele ihre Anlagen unter diesem göttlichen Anhauch entfaltet. Nichts treibt das innerste Räderwerk der Seele so kräftig an. Der ganze Mensch wird erquickt, seine Sinne und Empfindungen, seine Vernunft, seine Gemütsbewegungen und seine Fantasie sind wie neugeboren. Die Veränderung ist größer, als er weiß, er staunt selbst über die Kräfte, die dieser Geist in ihm entfesselt. Er fühlt Unaussprechliches in sich und ist deshalb überzeugt, dass die Zukunft undenkbare Überraschungen für ihn bereithält. Hierin liegt der Beweis für das Dasein Gottes und unserer Hoffnungen auf die Ewigkeit: Ich empfehle meinen Lesern, über diesen Beweis nachzudenken. Lass Gottes Hauch einen neuen Frühling in deiner Seele schaffen, ihre tief verborgenen Keime zum Leben bringen, lass den himmlischen Sommer herein, dann hast du einen so klaren Beweis für Gott in deinem Innern, wie das Weltall draußen ihn dir bietet. Ja, diese Erfahrung eines inneren Lebens in dir, diese unbeschränkte Hoffnung auf Gott wird dich innerlicher und tiefer überzeugen als alle äußere und oberflächliche Erfahrung in Natur und Welt.«

Es gibt nur eine Kraftquelle im All. Was du also auch bist, Maler, Redner, Musiker, Schriftsteller, Lehrer der Religion: Erkenne, dass das Geheimnis der Kraft in nichts anderem besteht als darin, in solcher Verbindung mit der unendlichen Kraft zu wirken, dass sie ununterbrochen durch dich wirken und sich offenbaren kann. Wenn dir das nicht gelingt, so gelingt dir überhaupt nichts. Wenn dir das nicht gelingt, so kannst du arbeiten, was du willst, deine Arbeit wird immer eine Leistung dritten oder vierten Ranges sein, vielleicht ein paar Mal zweiten, aber sicher niemals ersten Ranges. Es wird dir vollkommen unmöglich sein, in irgendeinem Stück zur Meisterschaft zu gelangen.

So, wie du dich selbst einschätzt, wird auch der Erfolg deines Wirkens sein, auf welcher Linie es auch sei. Solange du bloß in der stofflichen und verstandesmäßigen Welt lebst, setzt du dir selber Schranken, die bestehen bleiben, solange du so lebst. Wenn du aber deine Einheit mit dem unendlichen Leben und der unendlichen Kraft herstellst und dich so öffnest, dass sie durch dich wirken kann, dann wirst du sehen, dass du in einen neuen Lebensabschnitt eingetreten bist, und deine Kraft wird immer wachsen. Dann wird es wahr, dass du die Kraft von zehn Männern hast, weil dein Herz rein ist.

10 Überfluss als Gesetz des Gedeihens

Gott ist der Geist unendlichen Überflusses, die Macht, die alle Dinge zur materiellen Daseinsform gebracht hat und noch immer bringt. Wer in wirklicher Einheit mit dieser unendlichen Macht lebt, wird ein Magnet, der alles an sich heranzieht, was er begehrt.

Wer sich mit dem Gedanken erfüllt, dass er arm sei, wird auch arm werden und höchstwahrscheinlich auch bleiben. Wer sich aber, seine Lage sei, wie sie wolle, mit dem Gedanken erfüllt, dass er vorwärts kommt, setzt Kräfte in Bewegung, die ihn früher oder später vorwärts bringen werden. Das Gesetz der Anziehung wirkt beständig durch das All, und die eine große unveränderliche Wahrheit, die mit ihm zusammenhängt, ist die, dass Gleiches von Gleichem angezogen wird. Wenn wir mit der unendlichen Macht, der Quelle von allem, was existiert, eins sind, dann werden wir, je inniger diese Einheit ist, in uns eine Kraft wirksam machen, die uns Überfluss in allem verschafft, was wir brauchen. Wir gelangen so zu einer Kraft, durch die wir zu allen Zeiten das verwirklichen können, was wir begehren.

Alle Wahrheit ist schon da und wartet nur, bis wir sie wahrnehmen; ebenso ist alles, was wir für unsere jetzigen Bedürfnisse brauchen, schon da und wartet nur auf die Kraft in uns, mit der wir es uns aneignen. Gott hält alles in seiner Hand. Er spricht beständig zu uns: »Mein Kind, finde mich auf allen deinen Wegen; wenn du das tust, so ist, was mein ist, auch dein. Jehovah-jireh, der Herr sorgt für dich« (Psalm 40, 18). »Er gibt allen ohne weiteres, und rückt es niemand auf« (Jak. 1, 5). Er gibt ohne weiteres allen denen, die die rechte Haltung annehmen, nämlich, dass sie von ihm empfangen wollen. Er nötigt allerdings niemandem etwas Gutes auf.

Der alte und lange Zeit herrschende Gedanke, dass ein gottgefälliges Leben und Armut zusammengehören, hat schlechterdings keinen Wahrheitsgrund, und je früher wir ihn aufgeben, desto besser. Sein Ursprung ist ein ähnlicher wie der der Askese überhaupt, nämlich die Vorstellung, dass zwischen Geist und Fleisch notwendig ein Zwiespalt sein müsse. Er ist also Köpfen mit verzerrter einseitiger Weltanschauung entsprungen. Ein Gott wohlgefälliges Leben ist so viel wie ein wahrhaft weises Leben. Wer so lebt und die Kräfte benützt, mit denen er ausgerüstet ist, dem steht allezeit die Schatzkammer des Weltalls offen. Das Angebot ist bei ihm immer gleich der Nachfrage – vorausgesetzt, dass die Nachfrage nach rechten Dingen und auf rechte Weise geschieht. Wer diese höheren Gesetze erkennt, der kennt keine Furcht vor Mangel mehr.

Bist du eben arbeitslos? Lass dich nur von der Furcht ergreifen und beherrschen, keine Anstellung zu finden, dann ist es sehr wahrscheinlich, dass du lange keine finden wirst, und wenn du eine findest, so wird sie ärmlich genug sein. Wie auch deine Umstände sein mögen, vergiss nicht, dass du in dir Kräfte in Wirksamkeit setzen kannst, die alle wirklichen oder vorübergehenden Verluste wieder ausgleichen können. Lass diese Kräfte spielen: Damit wirst du wie ein Magnet eine viel bessere Stellung anziehen als die, die du verloren hast, und du wirst bald genug sogar für den Verlust der früheren dankbar sein.

Dieselbe unendliche Macht, die alles im Weltall schafft und regiert, die die zahllosen Weltsysteme im Raum leitet, sie wirkt auch in dir und durch dich. Das gilt es zu erkennen. Sende deine Gedanken aus: Gedanken sind Kräfte, und wenn sie richtig gebraucht und weise gelenkt werden, haben sie eine geheime Kraft von ungeahnter Wirkung. Sende den Gedanken aus, dass die rechte Stellung oder die rechte Arbeit zur rechten Zeit und in der rechten Weise zu dir kommen werde und dass du es fühlen wirst, wenn sie da sind. Halte diesen Gedanken fest, lass ihn niemals aufhören und kräftige ihn fortwährend durch feste Erwartung. Auf diese Weise setzt du sozusagen eine Anzeige in eine seelische oder geistige Zeitung, und diese ist nicht auf einen kleinen Leserkreis beschränkt, sondern dringt bis an die Enden der Erde, ja des Alls. Diese »Anzeige« hat eine viel größere Wirkung als irgendeine in einer wirklich gedruckten Zeitung, auch wenn sie als das beste Inseratenblatt bekannt wäre. Je eher du dies erkennst und in Übereinstimmung mit den höheren Gesetzen und Kräften lebst, desto eher wirst du solche Dinge tun können und Wirkungen dabei erzielen.

Wenn du eine Zeitung daraufhin durchsiehst, was sie für Stellenangebote enthält, dann tue dies nicht so, wie man es gewöhnlich macht, sondern setze die höheren Kräfte in Bewegung und bringe so die ganze Sache auf eine höhere Stufe. Wenn du das Blatt in die Hand nimmst, so denke folgendermaßen: Wenn hier eine Anzeige steht, auf die mich zu melden für mich das Richtige ist, dann werde ich das in dem Augenblick fühlen, da ich sie lese. Bejahe diese Vorstellung, glaube das fest und erwarte es bestimmt. Wenn du mit vollem Glauben so verfährst, so wirst du in dem Augenblick, da du auf die richtige Anzeige stößt, eine innere Stimme hören: *Das ist das Richtige,* und dieser Zuruf ist nicht mehr und nicht weniger als deine eigene Seele, die zu dir spricht. Und wenn sie spricht, dann handle augenblicklich nach ihrem Befehl.

Erhältst du die Stellung und zeigt es sich, dass es nicht ganz das war, was du wolltest, dann frage dich, ob du imstande wärst, eine bessere auszufüllen, und halte von dem Augenblick an, da du die weniger erwünschte Stellung annimmst, fortwährend an dem Gedanken fest, dass sie nur das Sprungbrett für die bessere ist. Bejahe diese Vorstellung, glaube das fest und erwarte es bestimmt – aber halte dich die ganze Zeit hindurch tadellos, absolut tadellos in der Stellung, die du eben einnimmst. Wenn du das nicht tust, dann allerdings ist es wahrscheinlich, dass sie nicht die Stufe zu einer besseren, sondern zu einer geringeren bilden wird. Tust du es aber, dann wird es nicht lange dauern, so freust du dich und bist dankbar dafür, dass du deine alte Stellung verloren hast.

Dies ist das Gesetz des Gedeihens: Wenn offenkundiges Missgeschick dich trifft, dann lass dich nicht niederschlagen, sondern gewinne der Sache die beste Seite ab und erwarte immer bessere und gedeihlichere Zustände. Dadurch, dass du diesen Gedanken festhältst, machst du feine, still und unwiderstehlich arbeitende Kräfte wirksam, die in kürzerer oder längerer Frist das, was heute erst in der Idee vorhanden ist, in Wirklichkeit umsetzen. Ideen haben verborgene Kräfte: Wenn eine Idee recht gepflanzt und gepflegt wird, ist sie das Samenkorn der Wirklichkeit.

Verschwende keinen Augenblick mit Klagen, sondern benütze die Zeit, die sonst aufs Klagen verwendet würde, dazu, das zu erwarten und zu verwirklichen, was du erstrebst. Rede dir selbst gut zu, erblicke dich in gedeihlichen Umständen, bejahe die Vorstellung, dass solche Umstände bald eintreten werden, bejahe das ruhig und still, aber fest und vertrauensvoll. Glaube daran, glaube unerschütterlich daran, erwarte es, kräftige deine Gedanken beständig mit dieser Erwartung; so machst du aus dir einen Magneten, der das anzieht, was du ersehnst. Scheue dich nicht vor dieser Selbstbeeinflussung und dieser Bejahung, denn du stellst damit ein Ideal auf, das sich selbst in Wirklichkeit umsetzen wird. Auf diese Weise benutzt du Kräfte, die zu den feinsten und stärksten im All gehören. Wenn du irgendetwas Besonderes ersehnst – natürlich nur solche Dinge, die zu erlangen recht und gut für dich sind, die dein Leben bereichern oder deinen Wert für andere erhöhen –, dann halte einfach den Gedanken fest, dass zur rechten Zeit, auf die rechte Weise und durch die rechten Mittel es von selbst zu dir kommen wird oder dass dir ein Weg eröffnet wird, es zu erlangen.

Ich kenne ein junges Mädchen, das vor einiger Zeit

dringend Geld brauchte, und zwar zu einem guten Zweck; es war kein Grund vorhanden, warum sie es nicht hätte bekommen dürfen. Sie gehört zu denen, die die Macht der inneren Kräfte erkannt haben. Sie versetzte sich in jene Geisteshaltung, die ich vorhin beschrieben habe. Am Morgen trat sie für einige Augenblicke »in die Stille« und stellte so eine völlige Harmonie zwischen sich und diesen höheren Kräften her. Noch ehe der Tag zu Ende war, besuchte sie ein Herr aus einer befreundeten Familie und fragte sie, ob sie für seine Familie eine bestimmte Arbeit übernehmen wolle, die dort gewünscht werde. Sie war etwas überrascht, dass man gerade diese Arbeit von ihr verlangte, aber sie sagte sich: »Hier ist ein Ruf; ich will zusagen und sehen, wohin es führt.« Sie übernahm die Arbeit und führte sie gut aus. Als sie fertig war, erhielt sie eine viel größere Summe, als sie erwartet hatte. Sie fühlte, dass diese Summe nicht im Verhältnis zu der Arbeit stand, und wollte das Geld nicht annehmen. Aber man antwortete ihr, sie habe der Familie einen Dienst erwiesen, der viel größer sei als die ihr bezahlte Summe. Das Geld war mehr als hinreichend für das, was sie hatte ausführen wollen.

Dies ist nur ein Beispiel von vielen, die den weisen und wirksamen Gebrauch der inneren Kräfte zeigen. Was lernen wir daraus? Nicht die Hände in den Schoß zu legen und zu warten, bis einem das Gewünschte in den Schoß fällt, sondern die inneren Kräfte in Wirksamkeit zu setzen und dann das Erste, was sich bietet, zu ergreifen! Tue, was du zu tun findest, und tue es gut.

Wenn deine Tätigkeit dich nicht ganz befriedigt, dann glaube und erwarte, dass sie das Mittel ist, dir etwas Besseres zu bringen. »Die Bedingung, unter der man das Beste an sich heranziehen kann, was die Welt bietet, besteht darin, das Gewünschte zuerst im Geist oder, wie man fälschlich sagt, in der Einbildung zu erwerben und zu besitzen. Alle so genannten Einbildungen sind Wirklichkeiten und von unsichtbaren Elementen getragene Kräfte. Lebe im Geist in einem Palast, und allmählich wird eine palastähnliche Umgebung sich dir nähern. Aber im Geiste so leben heißt nicht schmerzliche Sehnsucht fühlen oder unter Klagen über die Gegenwart sich etwas anderes wünschen. Es besteht darin, dass du, wenn du ›unten‹ bist, ruhig und hartnäckig dich ›oben‹ siehst, wenn du von Zinntellern isst, diese nur als die nächste Stufe zu silbernen Tellern betrachtest. Es heißt nicht andere Leute beneiden oder verwünschen, die von silbernen Tellern essen. Durch diesen Neid nimmst du geradezu Kapital aus der Bank deiner geistigen Kraft heraus.«

Ein Freund von mir, der die Macht der inneren Kräfte kennt und sein ganzes Leben bis ins Einzelne durch sie leiten lässt, gibt seinen Rat auf diesem Gebiet in folgender Form: »Wenn der Bär dich in seinen Klauen hält, so blick ihm in die Augen und lache; aber zu gleicher Zeit musst du ein Auge auf den Ochsen haben, denn wenn deine ganze Aufmerksamkeit von dem Bären in Anspruch genommen ist, verlierst du den Ochsen am Ende ganz aus den Augen.« Mit anderen Worten, wenn du dich einem Missgeschick unterwirfst, so wird es höchstwahrscheinlich über dich Meister werden; wenn du aber in dir selber die Kraft erkennst, über die Umstände Meister zu werden, dann wird das Missgeschick sich dir unterwerfen und sich in Glück verwandeln. Wenn es herankommt, so sieh ihm kühl und ruhig ins Gesicht, verschwende keine Zeit mit Klagen, Sorgen und Befürchtungen, sondern setze deine inneren Kräfte in Bewegung – und es wird dich bald wieder verlassen.

Das Gesetz des wahren Erfolgs heißt Glaube, unerschütterlicher Glaube. Wenn wir einsehen, dass Erfolg oder Misserfolg nicht von äußeren Bedingungen abhängen, sondern im Menschen selbst liegen, dann kommen wir in den Besitz von Kräften, die die äußeren Bedingungen bald in Mittel zum Erfolg umwandeln. Wir brauchen nur zu dieser

Erkenntnis zu kommen und unser Leben in vollkommene Übereinstimmung mit den höheren Gesetzen zu bringen, dann sind wir imstande, diese zusammenzufassen und zu leiten, dass sie ausgehen und mit dem beladen heimkommen, nach dem wir sie ausgesandt haben. Dann sind wir groß genug, um den Erfolg anzuziehen, und er wird nicht mehr unaufhörlich vor uns zurückweichen. Wir tragen dann ein Anziehungsfeld in uns, das stark genug ist, um uns das Jagen nach diesem oder jenem zu ersparen: Wir bleiben unbeweglich und ziehen das Gewünschte an uns heran. Wenn wir dieses Anziehungsfeld in uns bereiten und festhalten, so werden alle Dinge fortwährend zu uns kommen.

Die meisten Menschen von heute trachten nach praktischen und fürs tägliche Leben brauchbaren Dingen. Je genauer wir aber die Gesetze erforschen, die jenen großen Tatsachen zugrunde liegen, desto deutlicher werden wir einsehen, dass sie nicht bloß im höchsten Grade praktisch sind, sondern dass sie im wahrsten Sinn des Wortes das einzig Praktische sind.

Manche Leute brüsten sich beständig damit, dass sie so ausnehmend »praktisch« sind, aber oft sind gerade die am praktischsten, die gar nicht an das denken, was gewöhnlich praktisch heißt; und umgekehrt sind die, die sich dessen rühmen, oft am allerwenigsten praktisch. Oder vielleicht sind sie es in gewissen Dingen, aber soweit das Große und Ganze des Lebens in Betracht kommt, sind sie lächerlich unpraktisch.

Was für ein Gewinn wäre es z. B. für einen Menschen, wenn er im materiellen Sinn die ganze Welt gewänne, aber nicht einmal seine eigene Seele recht erkennen lernte? Unzählige Menschen verfehlen das wahre Leben vollständig und haben noch nicht einmal das ABC davon gelernt. Sie sind nichts als Sklaven, unwürdige Sklaven ihrer zeitlichen materiellen Güter, Leute, die glauben, sie besäßen ihre Güter, während sie im Gegenteil von ihnen besessen sind.

Sie sind fast gänzlich unfruchtbar an Diensten, die sie den Ihrigen und der Welt im Allgemeinen leisten könnten. Wenn sie ihren Körper, durch dessen Vermittlung sie mit der materiellen Welt verknüpft sind, nicht mehr aufrechterhalten können, so gehen sie arm hinüber. Unfähig, auch nur das kleinste Stück von all dem mitzunehmen, was sie angehäuft haben, gehen sie nackt und mittellos in eine andere Form des Lebens über.

Werke der Liebe – der nach außen gewandte Charakter – lebendige Seelenkräfte, die wahren Reichtümer des inneren Lebens und seiner Entwicklung: All die Dinge, die unseren wahren und ewigen Besitz bilden, spielen in ihrem Leben keine Rolle, und daher kennen sie die wahren Werte des Lebens nicht. Ja, sie sind weniger als das. Denn wir dürfen nicht glauben, dass einmal fest gewordene Gewohnheiten in jener nächsten Form des Daseins leichter abgelegt werden können als in diesem Leben. Wenn ein Mensch eine bestimmte Einseitigkeit hier entwickelt hat, so können wir nicht annehmen, dass das bloße Ablegen des Leibes genüge, um alles wieder vollkommen zu machen. Alles ist Gesetz, alles ist Ursache und Wirkung. Was wir säen, werden wir ernten – und zwar nicht bloß in diesem, sondern in allen künftigen Leben.

Wer hier der Sklave seiner Begierde nach materiellen Gütern ist, der wird ein solcher Sklave bleiben, auch wenn er seinen Körper nicht mehr trägt, ja, er wird dann nicht einmal mehr ein Mittel besitzen, um seine Bedürfnisse zu befriedigen. Unter der Herrschaft seiner festgewurzelten Gewohnheit wird er zumindest eine Zeit lang unfähig sein, seine Neigung auf etwas anderes zu richten, und seine Begierde, zugleich mit der Unmöglichkeit, sie zu befriedigen, wird ihn doppelt peinigen. Vielleicht wird diese Pein noch vergrößert, indem er zusehen kann und muss, wie das, was er für sich aufgehäuft hat, jetzt von andern zerstreut und verschwendet wird. Er vermacht sein Eigentum andern, aber er hat keine Macht darüber, wie diese es gebrauchen.

Wie töricht also, zu glauben, irgendein materielles Besitztum gehöre uns. Wie lächerlich ist es, wenn jemand so und so viele Hektar von Gottes Erde mit einer Mauer umgibt und erklärt, das gehöre ihm. Nichts gehört uns, was wir nicht festhalten können. Die Dinge, die in unserer Hand sind, sind nicht dazu da, dass wir sie besitzen, noch weniger, dass wir sie aufspeichern. Sie sind dazu da, dass wir sie benützen, und zwar mit Weisheit. Wir sind nur Verwalter, und als solche werden wir darüber zur Rechenschaft gezogen, wie wir das uns anvertraute Gut benutzt haben. Das große Gesetz des Ausgleichs, das durch das ganze Leben geht, ist wunderbar genau in seiner Wirkung, wenn wir es auch in seiner Anwendung auf uns selber nicht ganz verstehen und oft nicht einmal bemerken.

Wer zur Erkenntnis des höheren Lebens gelangt ist, der hat keine Begierde nach Anhäufung außerordentlicher Reichtümer mehr, so wenig wie nach irgendeinem anderen Übermaß. In dem Maß, in dem er zu der Erkenntnis der Wahrheit kommt, dass er innerlich reich ist, verliert der äußere Reichtum für ihn an Wert. Wenn er erkennt, dass in seinem Innern eine Kraftquelle ist, durch die er sich jederzeit alles verschaffen kann, dessen er wirklich bedarf, so belastet er sich nicht mehr mit der Anhäufung großer Massen materieller Dinge, die seine beständige Sorge und Aufmerksamkeit erheischen, seine Zeit in Anspruch nehmen und seine Gedanken von den wahren Werten des Lebens abziehen. Mit andern Worten: »Er erringt zuerst das Reich und erkennt dann, dass, wenn er das erlangt hat, alles andre ihm von selbst reichlich zufällt« (Matth. 6, 33).

»Es ist schwer, dass ein Reicher ins Himmelreich kommt, sagt der Meister – der nichts besaß und doch alles hatte – eher wird ein Kamel durch ein Nadelöhr gehen« (Matth. 19, 24). Mit anderen Worten: Wenn ein Mensch seine ganze

Zeit damit zubringt, äußere materielle Güter anzuhäufen und zusammenzuscharren, weit über den Bedarf hinaus, den er jemals verbrauchen kann, was bleibt ihm dann für Zeit übrig, jenes wunderbare Reich zu finden, das alles andere von selber mit sich bringt? Was ist besser, Millionen zu besitzen und zugleich mit der Sorge um sie beladen zu sein – denn das eine geht nicht ohne das andere –, oder zur Erkenntnis der Gesetze und Kräfte zu gelangen, durch die jedes wahre Bedürfnis zu seiner Zeit befriedigt wird, zu wissen, dass nichts wahrhaft Gutes uns unerreichbar ist und dass es in unserer Macht liegt, immer so viel zu haben, wie wir brauchen?

Wer in das Reich jener Erkenntnis eintritt, hütet sich vor dieser Art von Wahnsinn, von dem so viele heute besessen sind. Er meidet ihn wie eine ekelhafte körperliche Krankheit. Wenn wir die höheren Kräfte erkennen, so werden wir den wahren Werten des Lebens mehr Aufmerksamkeit zuwenden, statt Besitztümer anzuhäufen, die uns mehr hindern als nützen. Der Mittelweg ist auch hier der beste wie in allen Lebensfragen.

Ein Vermögen, das einen gewissen Betrag übersteigt, kann man nicht mehr benutzen, und unbenutzt ist es eher ein Hindernis als eine Hilfe, eher ein Fluch als ein Segen. Rings um uns leben Menschen ein verkrüppeltes und verzwergtes Leben statt eines reichen und schönen voll nie endender Freude. Ein solches aber könnten sie leben, falls sie das, zu dessen Anhäufung sie den größten Teil ihres Lebens gebraucht haben, jetzt endlich weise nutzen würden.

Auch wenn ein Mensch alles, was er sein ganzes Leben hindurch angehäuft hat, »für wohltätige Zwecke« hinterlässt, so ist sein Leben noch weit von dem Ideal entfernt. Es ist nichts besonders Verdienstliches, wenn ich einem Bedürftigen ein Paar alte, abgetragene Schuhe schenke, die ich doch nie mehr anziehen würde. Aber falls überhaupt die Erfüllung einer Pflicht verdienstvoll genannt werden kann, dann ist es verdienstvoll, dass ich einem Mann, der im strengen Winter keine Schuhe besitzt und alle Kraft anspannt, sich und seine Familie ehrlich durchzuschlagen, dass ich einem solchen Mann ein Paar gute Schuhe gebe.

Wir können keinen weiseren Gebrauch von angehäuftem Reichtum machen, als ihn Tag für Tag, solange wir leben, in Leben und Charakter zu verwandeln. So wird unser Leben wirklich bereichert. Es wird eine Zeit kommen, da es als eine Schande gilt, beim Tod große Reichtümer zu hinterlassen.

Mancher lebt heute in einem Palast und ist doch in Wirklichkeit ärmer als jemand, der kein Dach über dem Kopf hat. Und ein anderer lebt in einem Palast, auch wenn dieser das Armenhaus ist.

»Motten und Rost« sind die weisen Einrichtungen der Natur – die göttliche Methode –, um zusammengescharrte Reichtümer, die in dieser Form keinen Nutzen bringen, wieder zu zerstreuen und sie so nutzbar zu machen. Ein großes Gesetz ist beständig tätig, um dem, der solche Schätze zusammenscharrt, alle wahre Freude und alle seine höheren Fähigkeiten zu rauben.

Tausende bringen sich fortwährend um höhere und bessere Dinge, weil sie immerzu an den alten hängen. Wenn sie diese alten benützten und dadurch loswürden, so würde für die neuen Raum geschaffen. Zusammenscharren bringt immer Verlust, richtiger Gebrauch stets erneuten Gewinn.

Falls der Baum ebenso unwissend und gierig wäre und seine Blätter festhalten wollte, auch wenn sie ihre Bestimmung erfüllt haben, wo bliebe das volle neue Leben im Frühling? Welken und Absterben wäre das Ende. Wenn er tot ist, dann mag er seine alten Blätter festhalten, denn dann wachsen ihm keine neuen; aber solange er lebendig ist, muss er die alten abwerfen, um für die neuen Platz zu schaffen.

Überfluss ist das Gesetz des Alls, überreiche Befriedigung

für alle Bedürfnisse, wenn man nur nichts tut, dieses Gesetz in seiner Wirksamkeit aufzuhalten. Natürlich und normal für uns ist es, in der Erkenntnis unserer Einheit mit dem unendlichen Leben und der unendlichen Macht solchen Reichtum und solche Kraft zu erlangen, dass wir alles, was wir brauchen, immer im Überfluss besitzen.

Nicht indem wir Güter zusammenscharren, sondern indem wir sie weise benutzen und dadurch loswerden, erlangen wir diese immer erneute Stillung unserer Bedürfnisse. Das entspricht auch der Gegenwart viel besser als die frühere Art. So gelangen wir nicht bloß selbst in den Besitz der reichsten Schätze des ewig Guten, sondern wir werden offene Kanäle, durch die sie auch anderen zuströmen.

11 Wie Menschen zu Propheten, Sehern, Weisen und Erlösern wurden

Bis jetzt habe ich all diese wichtigen Wahrheiten so behandelt, dass ich mich rein auf der Grundlage der menschlichen Vernunft und Einsicht hielt, und mich absichtlich niemals auf die Lehren anderer bezogen, auch nicht auf diejenigen erleuchteter Lehrer. Wir wollen nun aber dieselben Wahrheiten auch im Lichte der Gedanken und Lehren betrachten, die von den größten Denkern und Lehrern ausgesprochen worden sind.

Der Kern der Gedanken, die ich in diesem Buch dargelegt habe, ist folgender: Die große Grundwahrheit des Menschenlebens ist die, dass wir unsere Einheit mit dem unendlichen Leben bewusst und lebendig erkennen und uns seinem göttlichen Einströmen vollkommen öffnen. »Ich und der Vater sind eins«, spricht Jesus (Joh. 10, 30). Hier sehen wir, wie er seine Einheit mit dem Leben des Vaters erkannte. Ebenso spricht er: »Die Worte, die ich zu euch rede, die rede ich nicht von mir selbst. Der Vater aber, der in mir wohnt, der tut die Werke« (Joh. 14, 10). Hier sehen wir, wie klar er sich der Wahrheit bewusst war, dass er von sich selbst nichts tun konnte, sondern nur, wenn er in Verbindung mit dem Vater wirkte. Und wieder spricht er: »Mein Vater wirket bisher, und ich wirke auch« (Joh. 5, 17); das heißt mit anderen Worten: Mein Vater sendet die Kraft aus, ich öffne mich ihr und wirke in Verbindung mit ihr.

Weiter sagt er: »Trachtet am Ersten nach dem Reich Gottes und nach seiner Gerechtigkeit, so wird euch solches alles zufallen« (Matth. 6, 33). Und er ließ uns auch nicht im Dunkeln darüber, was er damit gemeint hat. »Man wird auch nicht sagen: Siehe, hier oder da ist es, denn sehet, das Reich Gottes ist inwendig in euch« (Luk. 17, 21). Nach seiner Lehre sind das Reich Gottes und das Himmelreich ein und dasselbe. Wenn er nun lehrt, dass das Himmelreich in uns ist, so sehen wir, dass er genau das gebietet, was ich ausgeführt habe: Kommt zu bewusster Erkenntnis eurer Einheit mit dem Leben des Vaters; wenn ihr das tut, werdet ihr das Reich erlangen, und wenn ihr das erlangt, so wird euch alles andere zufallen.

Die Geschichte vom verlorenen Sohn ist ein anderes schönes Beispiel derselben großen Lehre des Meisters. Nachdem der Sohn alles verschwendet hat, nachdem er alle Gebiete der Sinne nach Glück und Genuss durchschweift und keine Befriedigung gefunden, sondern die Erfahrung gemacht hat, dass er sich damit bis zum Tier erniedrigt, da kommt er zur Besinnung und spricht: »Ich will mich aufmachen und zu meinem Vater gehen« (Luk. 15, 18). Mit anderen Worten: Nach all dieser Wanderung sprach seine eigene Seele zu ihm: Du bist mehr als ein Tier, du bist ein Kind deines Vaters, mache dich auf und gehe zu deinem Vater, der alles in seiner Hand hält. Wiederum spricht der Meister: »Ihr sollt niemand Vater heißen auf Erden; denn einer ist euer Vater, der im Himmel ist« (Matth. 23, 9). Hier stellt er fest, dass das wirkliche Leben direkt vom Leben Gottes stammt. Unsere Eltern sind nur die Vermittler, sie geben uns den Leib, das Haus, in dem wir wohnen, aber das wirkliche Leben kommt aus der unendlichen Lebensquelle, aus Gott, der unser Vater ist.

Einmal wurde ihm gesagt, seine Mutter und seine Brüder ständen draußen und wollten ihn sehen. Er antwortete ihnen: »Wer sind meine Mutter und meine Brüder? Wer Gottes Willen tut, der ist mein Bruder und meine Schwester und meine Mutter« (Mark. 3, 33, 35).

Manche Menschen sind geradezu geknechtet durch die Fesseln der Verwandtschaft. Es ist sicher gut für uns, wenn wir dessen eingedenk bleiben, dass unsere wahren Verwandten nicht notwendig die sind, die mit uns durch Bande des Blutes zusammenhängen. Unsere wahrsten Verwandten sind die, die uns an Seele und Geist am nächsten stehen. Solche nächsten Verwandten von uns mögen vielleicht bei den Antipoden wohnen; es mögen Menschen sein, die wir noch nie gesehen haben. Aber wir werden durch das allwirksame und nie versagende Gesetz der Anziehung noch zu ihnen hingezogen werden, sei es in diesem Leben oder in einem andern.

Wenn der Meister das Gebot gab: »Ihr sollt niemand Vater heißen auf Erden, denn einer ist euer Vater, der im Himmel ist«, so hat er uns damit die Grundlage für seine große Idee von Gott als dem Vater gegeben. Und wenn Gott der Vater aller Menschen ist, so haben wir darin die Grundlage für die Brüderschaft aller Menschen. Aber es gibt eine Idee, die in gewissem Sinn noch höher ist, nämlich die Einheit von Mensch und Gott und damit die Einheit des ganzen Menschengeschlechts. Wenn wir diese Wahrheit erkennen, dann wird es uns deutlich, wie wir, je inniger diese wahre Einheit mit dem unendlichen Leben wird, mit jedem Schritt, den wir Gott näher kommen, dazu beitragen, dass alle Menschen zu dieser Einheit erhoben werden, und wie wir ihnen damit helfen, auch ihrerseits Gott näher zu kommen.

Auch unser wahres Verhältnis zum unendlichen Leben hat der Meister uns mit den Worten gezeigt: »Es sei denn, dass ihr euch umkehret und werdet wie die Kinder, so werdet ihr nicht in das Himmelreich kommen« (Matth. 18, 3). Wenn er sagt: »Der Mensch lebt nicht vom Brot allein, sondern von einem jeglichen Wort, das durch den Mund Gottes geht« (Matth. 4, 4), so hat er damit eine Wahrheit ausgesprochen, deren weit tragende Bedeutung wir kaum erst vollständig zu übersehen beginnen. Er sagt hier, dass sogar das leibliche Leben nicht durch Nahrung allein erhalten wird, sondern dass unsere Verbindung mit der unendlichen Lebensquelle ganz bedeutenden Einfluss auch auf das Leben und die Tätigkeit unseres Körpers ausübt. »Selig sind, die reinen Herzens sind, denn sie werden Gott schauen« (Matth. 5, 8); das heißt mit anderen Worten: Selig sind, die im ganzen All überall nur Gott erkennen, denn solche schauen Gott wirklich.

Der große indische Weise Manu spricht: »Wer in seinem eigenen Selbst das oberste Selbst aller Dinge erkennt und Gleichmut erlangt, der ist selig.« Athanasius sagte: »Auch wir können Götter werden, während wir noch im Fleische wandeln.« Dieselbe große Wahrheit finden wir auch in Leben und Lehre Gautamas, der der Buddha wurde. »Die Menschen sind in Banden«, sagt dieser, »denn sie haben sich von dem Gedanken des Ichs noch nicht frei gemacht.« Alle Vorstellungen von Getrenntsein aufgeben und die Einheit des eigenen Selbst mit dem Unendlichen erkennen: Das ist der Geist, der aus all seinen Worten spricht. Durch das Leben aller mittelalterlichen Mystiker geht dieselbe große Wahrheit von der Vereinigung mit Gott.

Näher an unserer Zeit finden wir den hocherleuchteten Seher Emanuel Swedenborg, der die großen Gesetze dargelegt hat, die mit dem göttlichen Einfließen – wie er es nennt – zusammenhängen, und der zeigt, wie wir uns ihren Wirkungen immer mehr öffnen können. Die Grundwahrheit in der religiösen Lehre der Quäker ist das innere Licht, Gott, der in dem Grad, in dem die Seele sich ihm öffnet, unmittelbar in ihr redet. Der erleuchtete Seher, der unter uns in Concord lebte, Ralph Waldo Emerson, spricht dieselbe Wahrheit aus in den Worten: »Wir alle sind Buchten des großen Lebensmeeres«, und dadurch, dass er sich dem Einströmen dieses Meeres so vollkommen öffnete, war er ein Erleuchteter.

Die ganze Weltgeschichte lehrt uns, dass Männer und Frauen, die in das Reich der Weisheit und Kraft und damit des vollen Friedens und der wahren Freude eingegangen sind, diejenigen waren, die mit dieser höchsten Macht in Harmonie lebten. David war stark und kraftvoll und seine Seele strömte über von Preis und Anbetung: Aber alles genau so weit, wie er auf Gottes Stimme hörte und in Übereinstimmung mit dem Höchsten blieb, was sich in ihm regte. Sooft er es hieran fehlen ließ, hören wir, wie seine

Seele in Angstrufe und Klagen ausbricht. Dasselbe gilt für jedes Volk. Wenn die Israeliten Gottes Leitung folgten, so waren sie glücklich, zufrieden und mächtig, und kein Feind konnte ihnen standhalten. Wenn sie sich aber auf ihre eigene Kraft verließen und Gott nicht mehr als die Quelle ihrer Stärke anerkannten, so sehen wir sie besiegt, gefangen und verzweifelt.

Ein großes, unabänderliches Gesetz liegt dem Satz zugrunde: »Selig sind, die das Wort Gottes hören und bewahren« (Luk. 11, 28). Daraus folgt alles. Wir sind genau in dem Maß weise, in dem wir dem höheren Licht gemäß leben.

Alle Propheten, Seher, Weisen und Erlöser in der Geschichte sind das, was sie waren, geworden und haben die Kraft, die sie besaßen, gewonnen durch einen ganz natürlichen Vorgang. Sie alle erkannten ihre Einheit mit dem unendlichen Leben und verwirklichten sie mit Bewusstsein. »Bei Gott ist kein Ansehen der Person« (Eph. 6, 9). Er erschafft die Propheten und die Seher, die Weisen und die Erlöser nicht fertig als solche; er erschafft Menschen. Aber hie und da erkennt einer seine wahre Wesensgleichheit und die Einheit seines Lebens mit der Quelle, aus der es kam; er lebt in der Erkenntnis dieser Einheit; und so wird er ein Prophet oder ein Seher, ein Weiser oder ein Erlöser. Ebenso wenig ist bei Gott ein Ansehen der Rassen oder Völker. Er hat kein auserwähltes Volk; aber hie und da wird ein Volk gehorsam, und dann lebt es das Wesen eines auserwählten Volkes.

Es hat keine Zeit der Wunder gegeben, die sich von anderen Zeiten unterscheidet, und kein Land der Wunder, das anders ist als andere Länder. Was wir Wunder nennen, hat es in allen Ländern und zu allen Zeiten in Hülle und Fülle gegeben, wenn die Bedingungen dafür vorhanden waren. Diese Wunder geschehen heute genauso gut wie früher, wenn man die Gesetze beobachtet, von denen sie regiert werden. Machtvolle Männer, die mit Gott gewandelt sind, sagt man, seien die Wundertäter gewesen. In dem Wort »die mit Gott gewandelt sind« liegt das Geheimnis der »machtvollen Männer«. Wir haben hier Ursache und Wirkung.

Nicht Gott lässt einem Menschen alles glücken, sondern dem Menschen glückt alles, weil er Gott anerkennt und in Übereinstimmung mit den höheren Gesetzen lebt. Salomo durfte sich wünschen, was sein Herz begehrte. Er ließ seine bessere Einsicht walten und erbat sich Weisheit, aber es zeigte sich, dass darin alles Übrige eingeschlossen war (1. Kön. 3, 5–14). Es wird erzählt, Gott habe Pharaos Herz verstockt (2. Mos. 7, 3). Ich glaube das nicht. Gott verstockt niemandes Herz. Pharao verhärtete sein Herz selbst, und man hat Gott die Schuld gegeben. Aber als Pharao sein Herz verhärtete und der Stimme Gottes nicht gehorchte, da kamen die Plagen. Hier haben wir wieder Ursache und Wirkung. Hätte er umgekehrt auf Gott gehört, mit anderen Worten, hätte er sich Gott geöffnet und seiner Stimme gehorcht, so wären die Plagen nicht gekommen.

Wir können selbst unsere besten Freunde oder unsere schlimmsten Feinde sein. Wenn wir Freunde des Höchsten und Besten sind, was in uns ist, dann werden wir aller Menschen Freund; wenn wir Feinde jenes Höchsten und Besten sind, dann werden wir jedermanns Feind.

In dem Maß, wie wir uns den höheren Kräften öffnen und sie durch uns wirken lassen, werden wir kraft der Erleuchtungen, die wir so erhalten, die Erlöser unserer Mitmenschen, und so können wir alle einer des anderen Erlöser sein. Und so kannst du selbst in Wirklichkeit einer der Erlöser der Welt werden.

12 Die Grundwahrheit aller Religionen – Die Weltreligion

Die große Wahrheit, von der wir sprechen, ist die Grundwahrheit aller Religionen. Wir finden sie in jeder wieder, in ihr stimmen alle überein. Es ist aber auch eine Wahrheit, zu der alle Menschen sich bekennen können, ob sie nun zur gleichen oder zu verschiedenen Religionen gehören. Wenn die Menschen streiten, so geschieht es immer über Kleinigkeiten, über ihre persönlichen Ansichten in ganz unwichtigen Dingen. Sie einigen sich aber immer, wenn es sich um große Grundwahrheiten handelt, deren Fäden sich durch alles hindurchschlingen. Das Streiten geschieht im Zusammenhang mit dem niederen Selbst, die Einigung erfolgt im Zusammenhang mit dem höheren Selbst.

Überall bestehen Parteien, die untereinander streiten und kämpfen; aber lass ein großes Unglück über das Land kommen, Überschwemmung, Hungersnot, Pest – und jene kleinen persönlichen Zwistigkeiten sind sofort vergessen, und alle arbeiten Schulter an Schulter in der großen Not. Das wechselnde und sich entwickelnde Selbst gibt den Anlass zum Streiten, das ewige Selbst, das Selbst der Seele eint alle in der höchsten Arbeit gemeinsamer Liebesdienste.

Der Patriotismus ist etwas Schönes. Es ist ganz recht für mich, dass ich mein Vaterland liebe; aber warum soll ich mein eigenes Land mehr lieben als alle übrigen? Wenn ich mein Land liebe und die anderen hasse, dann zeige ich meine Beschränktheit, und mein Patriotismus ist etwas, auf das ich mich nicht einmal selbst verlassen kann. Wenn ich aber mein Land liebe und ebenso alle anderen, dann zeige ich die Größe meiner Natur, und ein solcher Patriotismus ist etwas Edles und unbedingt Zuverlässiges.

Die Anschauung von Gott, über die wir in diesem Buch übereingekommen sind – dass er der unendliche Geist des Lebens und der Kraft ist, der hinter allem steht und in allem und durch alles wirkt, der das Leben von allem ist – das ist eine Lehre, in der alle Menschen und alle Religionen übereinstimmen können. Gegenüber dieser Anschauung kann es keine »Ungläubigen« und keine Gottesleugner geben. Wohl gibt es Ungläubige und Gottesleugner gegenüber manchen Vorstellungen, die die Menschen sich von Gott machen – und gut, dass es solche gibt. Auch fromme und ernste Menschen unter uns schreiben Gott Dinge zu, die kein Mann oder keine Frau, die etwas auf sich halten, von sich sagen ließen. Unsere Anschauung wird die Leute befriedigen, die nicht glauben können, dass Gott zornig über seine Kinder oder eifersüchtig oder rachsüchtig sei. Wenn ein menschliches Wesen solche Eigenschaften merken lässt, so wird unsere Achtung vor ihm vermindert – und doch schreibt man sie Gott zu!

Der ernste aufrichtige Ketzer ist einer der größten Freunde der wahren Religion, den sie finden kann. Ketzer gehören zu Gottes treuesten Dienern. Christus war einer der größten Ketzer, die die Welt je gesehen hat. Er ließ sich durch keine hergebrachten oder strenggläubigen Lehren oder Glaubensbekenntnisse fesseln. Er ist ein hervorragender Vertreter der weltumfassenden, der Täufer Johannes einer der beschränkten Religion. Johannes kleidete und nährte sich auf besondere Weise, gehörte einem besonderen Orden an, lebte und lehrte an einem besonderen Ort und hat selbst anerkannt, dass er abnehmen und dass Christus wachsen müsse (Joh. 3, 30). Christus dagegen kennt keine persönlichen Schranken. Er war vollkommen weltumfassend, und so war auch seine Lehre nicht für eine bestimmte Zeit, sondern für alle Zeiten.

Diese machtvolle Wahrheit, über die wir übereingekommen sind, ist die große Grundwahrheit des menschlichen Lebens, der goldene Faden, der durch alle Religionen geht. Wenn wir das zum Beherrschenden in unserem Leben machen, werden wir sehen, dass unsere kleinen Zwistigkeiten und engen Vorurteile und all diese lächerlichen Torheiten durch ihre eigene Unbedeutendheit verschwinden, dass der Jude in einem katholischen Dom, der Katholik in einer jüdischen Synagoge, der Buddhist in einer christlichen Kirche, der Christ in einem buddhistischen Tempel beten kann. Alle können ebenso gut an ihrem eigenen Herd oder auf den Bergen beten, oder auch während sie ihrer täglichen Arbeit nachgehen. Zu wahrhaftiger Anbetung braucht es nur Gott und die Seele. Es hängt nicht an Zeit, Ort oder Gelegenheit: Gott und Mensch können zu jeder Zeit und an jedem Ort sich zusammenfinden.

Dies ist die große bleibende Grundwahrheit der weltumspannenden Religion, über die alle einig sein können. Es gibt vieles, worüber sich niemals alle einigen können. Das sind persönliche unwesentliche Dinge, die mit der Zeit von selbst verschwinden. Wer diese große Wahrheit nicht begreift, der fragt zum Beispiel als Christ: »Aber war nicht Christus erleuchtet?« Gewiss, aber er war nicht der Einzige! Oder ein anderer fragt als Buddhist: »War nicht Buddha erleuchtet?« Gewiss, aber er war nicht der Einzige! Der Christ fragt: »Ist nicht unsere christliche Bibel Offenbarung?« Gewiss, aber es gibt noch andere Offenbarungsschriften. Ein Brahmane oder Buddhist fragt: »Sind nicht die Veden Offenbarungen?« Gewiss, aber es gibt noch andere Offenbarungsschriften. Nicht darin besteht dein Irrtum, dass du deine eigenen heiligen Bücher für göttliche Offenbarung hältst, sondern – und das zeigt deine geradezu lächerliche Beschränktheit – dass du nicht einsehen willst oder kannst, dass auch andere heilige Bücher göttliche Offenbarungen sind.

Die heiligen Schriften, die Offenbarungsbücher stammen alle aus derselben Quelle: von Gott, von dem Gott, der durch die Seelen all derer spricht, die sich ihm so öffnen, dass er durch sie sprechen kann. Es mögen einige erleuchteter sein als andere: Dies hängt ausschließlich davon ab, in welchem Grad man sich der göttlichen Stimme öffnet. Einer der erleuchteten Schriftsteller der hebräischen Bücher sagt: »Die Weisheit ist das Hauchen der göttlichen Kraft und ein Strahl der Herrlichkeit des Allmächtigen, ein Abglanz des ewigen Lichtes und ein fleckenloser Spiegel des göttlichen Wirkens. Sie ist nur eine und tut doch alles. Sie bleibt, was sie ist, und erneuert doch alles, und von Geschlecht zu Geschlecht geht sie in heilige Seelen über und macht sie zu Freunden Gottes und zu Propheten« (Weisheit 7, 25–27).

Lasst uns nicht zu denen gehören, die so kleinlich, so beschränkt, so engstirnig sind, dass sie glauben, der unendliche Gott habe sich nur einer kleinen Hand voll seiner Kinder, in einem kleinen Winkel der Erde und zu einer bestimmten Zeit offenbart. »Nun erfahre ich mit der Wahrheit, dass Gott die Person nicht ansieht, sondern in allerlei Volk, wer ihn fürchtet und recht tut, der ist ihm angenehm« – sagt die christliche Bibel selber (Apostelgeschichte 10, 34).

Wenn wir diese Wahrheit vollkommen erkennen, dann werden wir sehen, dass es nur einen ganz kleinen Unterschied ausmacht, ob man dieser oder jener besonderen Religionsform angehört, aber einen gewaltigen, ob man den Grundanschauungen seiner Religion wirklich treu ist. Je weniger wir uns selbst und je mehr wir die Wahrheit lieben, desto weniger wird uns daran liegen, die Menschen gerade zu unserer besonderen Art des Denkens zu bekehren, umso mehr aber daran, ihnen zu helfen, dass sie die volle Erkenntnis der Wahrheit auf den Wegen erreichen, auf denen sie am besten zu ihr gelangen können. »Die Lehre unseres Meisters«, sagt der Chinese, »besteht in nichts anderem als in Reinheit des Herzens.« Wir werden sehen, dass dies die Lehre jedes Mannes ist, der überhaupt den Namen eines Meisters verdient.

Die großen Grundwahrheiten sind in allen Religionen die gleichen. Die Religionen unterscheiden sich nur in unwichtigen Einzelheiten, je nach dem Grad der Entwicklung des betreffenden Volkes. Ich werde manchmal gefragt, zu welcher Religion ich gehöre. Zu welcher Religion? Es gibt bloß eine einzige Religion, die Religion des lebendigen Gottes. Es gibt allerdings verschiedene Glaubensbekenntnisse dieser einen Religion, die aus dem verschiedenen Verständnis hervorgehen, das sie bei den einzelnen Völkern findet, aber ihre Unterschiede sind alle unwichtig. Je unentwickelter jemand freilich ist, desto wichtiger erscheinen sie ihm. Natürlich bestehen verschiedene sogenannte »Religionen« – aber in Wirklichkeit gibt es nur eine einzige Religion.

Sobald wir diese Wahrheit aus den Augen verlieren, entfernen wir uns von dem lebendigen Geist der wahren Religion und lassen uns durch äußere Formen beschränken und fesseln. Dadurch aber errichten wir Schranken um uns, die andere Menschen von uns entfernen und uns daran hindern, zur Erkenntnis der allumfassenden Wahrheit zu gelangen. Nichts aber verdient den Namen Wahrheit, was nicht allumfassend ist.

Es gibt nur eine Religion. »Welchen Pfad ich auch einschlage, er vereinigt sich mit dem Weg, der zu dir führt« – so sagt ein erleuchteter Schriftsteller in den heiligen Büchern der Perser. »Der Teppich ist groß, den Gott ausgebreitet hat, und herrlich die Farben, die er ihm gegeben.« »Der reine Mensch achtet jede Form des Glaubens« – so sagt der Buddhist. »Meine Lehre macht keinen Unterschied zwischen reich und arm: Wie der Himmel hat sie Raum für alle, und wie das Wasser macht sie alle rein.« »Der Mann mit weitem Geist sieht in allen Religionen die Wahrheit, der Mann mit engem Geist sieht nur ihre Unterschiede« – so sagt der Chinese. »Ein beschränkter Mann fragt: Ist dieser Mensch ein Fremder oder gehört er zu unserm Stamm? Aber für solche, in denen die Liebe wohnt, ist die ganze Welt nur eine Familie.« »Die Blumen auf dem Altar haben mancherlei Farben, aber alle Anbetung ist gleich.« »Der Himmel ist ein Palast mit vielen Toren, und jeder kann durch sein eigenes eintreten« – so sagt der Hindu. »Sind wir nicht alle Kinder eines Vaters?« – so sagt der Christ. »Gott hat gemacht, dass von einem Blut aller Menschen Geschlechter auf dem ganzen Erdboden wohnen« (Apostelgesch. 17, 26). Ein Seher hat gesagt: »Was für die Menschenseelen früher heilsam war, hat der Vater den Alten offenbart; was für die Menschenseele heute heilsam ist, offenbart er uns heute.«

Tennyson hat gesagt: »Ich träumte, dass ich Stein um Stein ein heiliges Haus erbaute, einen Tempel, der weder Pagode noch Moschee noch Kirche war, sondern erhabener und einfacher, immer offen für jeden Himmelshauch: Und Wahrheit, Friede, Liebe und Gerechtigkeit kamen und wohnten darin.«

Religion in ihrem wahren Sinn ist das Freudvollste, was die menschliche Seele kennt, und wo wahre Religion ist, da sehen wir, dass sie Friede, Freude und Glück bringt, aber niemals Düsterheit und Trübseligkeit. Sie ist anziehend für alle und für keinen abstoßend. Wenn doch unsere Kirchen das einsähen, wenn man sich in ihnen doch bemühte, die Leute zur Erkenntnis ihres wahren Selbst, ihres wahren Verhältnisses zu dem unendlichen Gott, ihrer Einheit mit ihm zu bringen: Die Wirkung wäre eine allgemeine Freude, und solche Massen würden sich herbeidrängen, dass die Mauern zu bersten schienen, solche Freudengesänge würden ertönen, dass alle Menschen mit Liebe zu der Religion erfüllt würden, die im täglichen Leben wirkt, zu der Religion, die die wahre und lebendige ist. Das ist der Prüfstein der wahren Religion, ob sie fürs Leben, fürs Alltagsleben geeignet ist. Was diese Prüfung nicht besteht, ist eben einfach keine Religion. Wir brauchen eine Religion für den Alltag, für diese Welt. Alle Zeit, die wir einer anderen widmen, ist schlimmer als verschwendet. Das ewige Leben, das wir jetzt schon leben, ist nur dann recht gelebt, wenn wir Tag um Tag jede Spanne Zeit wohl benutzen. Wenn uns das nicht gelingt, so wird uns nichts gelingen.

13 Wie gelangen wir schon jetzt in den Besitz der höchsten Güter?

Ich werde gefragt: Kannst du etwas darüber sagen, auf welchem bestimmten Weg, durch welches besondere Verfahren wir zu dieser Verwirklichung gelangen? Was du davon sagst, ist in der Tat schön und wahr, aber wie können wir diese Verwirklichung in uns selber zustande bringen, die dann solche wunderbaren Erfolge hat?

Die Methode ist ganz leicht, wenn wir uns die Sache nicht selbst erschweren. Das Wichtigste dabei ist, sich öffnen, einfach Geist und Herz aufzuschließen für dieses göttliche Einströmen, das nur auf die Öffnung der Pforte wartet, um einzutreten. Es ist dasselbe, als öffne man die Schleuse der Rinne, die das Wasser von einem höher gelegenen Sammelbecken in ein weiter unten liegendes Feld leitet. Das Wasser fließt von selbst ein, seiner Natur nach, und bewässert das Feld; es handelt sich bloß darum, dass man ihm die Schleuse öffnet. Was die Verwirklichung unserer Einheit mit dem unendlichen Leben und der unendlichen Macht betrifft, so müssen wir nur, was ja jetzt wohl deutlich geworden ist, unser Verhältnis zu ihr richtig erkennen, und dann kann man bloß noch sagen: Begreife diese Einheit als tatsächlich schon wirklich. Das Erste, was dazu nottut, ist ein offenes Herz und ein offener Geist, durch die wir uns in eine empfängliche Haltung bringen. Dann muss ein ernstliches aufrichtiges Verlangen danach kommen.

Es kann dir vielleicht fürs Erste eine Hilfe sein, wenn ich dir sage: Ziehe dich jeden Tag einige Augenblicke in die Stille, in das Schweigen zurück, wo die Störungen dich nicht aufregen, die durch die Tore der Sinne eintreten. Dort, in der Stille, allein mit Gott, versetze dich in eine empfängliche Haltung. Ruhig, aber mit fester Erwartung, wünsche, dass diese Erkenntnis dir aufgehe und von deiner Seele Besitz ergreife. Wenn das geschieht, so wird es sich deinem Geist kundtun, aber du wirst die Wirkung auch in deinem ganzen Körper spüren. In dem Maß, wie du dich diesen Wirkungen öffnest, wirst du eine ruhige, friedvolle und erleuchtende Kraft fühlen, die Leib, Seele und Geist in Harmonie miteinander und mit der ganzen Welt bringt. Jetzt bist du auf dem Gipfel des Berges, und die Stimme Gottes spricht zu dir. Wenn du dann wieder herabsteigst, so nimm diese Erfahrung mit dir. Lebe in ihr, wachend, arbeitend, denkend, wandelnd, schlafend. So wirst du, wenn auch nicht immer auf dem Gipfel, aber doch unaufhörlich in der Verwirklichung all der Schönheit, Erleuchtung und Kraft leben, die du dort gefühlt hast.

Ja, die Zeit wird kommen, wo du im geschäftigen Büro oder auf der geräuschvollen Straße in die Stille treten kannst, indem du einfach den Mantel deiner Gedanken um dich schlägst und erkennst, dass der Geist unendlichen Lebens, unendlicher Liebe und Weisheit, unendlichen Friedens, unendlicher Macht und unendlichen Reichtums hier und überall dich führt, bewahrt, beschützt und leitet. Das ist der Geist immerwährenden Gebetes, das heißt »beten ohne Unterlass« (1. Tess. 5, 17). Das heißt den Christus in dir finden. Das ist die neue Geburt, die Wiedergeburt. Zuerst kommt das Natürliche, dann das Geistliche. So wird der alte Adam ausgezogen und der neue Mensch Christus angezogen (1. Kor. 15, 45–47). Das heißt gerettet sein zum ewigen Leben, wie auch immer die Form deines Glaubensbekenntnisses sein mag: Denn Gott erkennen, das ist das ewige Leben (Joh. 17, 3).

Zu dieser Höhe können ich und du heute, in dieser Stunde, in diesem Augenblick kommen, wenn wir es ersehnen und wollen. Und wenn wir jetzt unser Gesicht nach der rechten Richtung wenden, so ist es nur eine Frage der Zeit, bis die vollen Strahlen dieser Erkenntnis zu uns dringen. Wenn einer sein Gesicht nach dem Berge richtet und dann einfach auf dem Wege weitergeht, ob schnell oder langsam – das wird ihn schon zu dem Berg hinbringen. Wenn er aber nicht die rechte Richtung einschlägt und nicht anfängt zu gehen, dann kommt er nicht hin.

Der Jüngling Gautama Siddharta sprach: »Ich bin erwacht zur Wahrheit und entschlossen, meinen Vorsatz auszuführen – wahrlich, ich werde ein Buddha sein.« Das war es, was ihn zur Erleuchtung führte und dazu, dass er das Nirwana hier, in diesem Leben, erreichte. Es war seine Lehre, dass dies allen Menschen jetzt und hier möglich sei: Das hat ihn zum Lichtbringer für Millionen gemacht.

Der Knabe Jesus sprach: »Wisset ihr nicht, dass ich sein muss in dem, was meines Vaters ist?« Indem er dies zum einen großen Ziel seines Lebens machte, kam er zu der vollen Erkenntnis: »Ich und der Vater sind eins.« So verwirklichte er das Himmelreich in diesem Leben. Es war seine Lehre, dass alle das Jetzt und Hier erreichen können: Das hat ihn zum Lichtbringer für Millionen gemacht.

Was die Praxis des Handelns angeht, so können wir die ganze Welt durchsuchen und werden kein praktischeres Gebot finden als das: »Trachtet als Erstes nach dem Reich Gottes und nach seiner Gerechtigkeit, so wird euch das Übrige alles zufallen.« Und wenn wir diesen Ausspruch im Licht unserer ganzen vorhergehenden Ausführungen betrachten, so wird jeder, der für die Wahrheit offen und gegen sich selber ehrlich ist, einsehen, was ihm alles zugrunde liegt und auf welchen großen Gesetzen es beruht.

Ich persönlich kenne Menschen, die durch die Erkenntnis ihrer Einheit mit dem unendlichen Leben und dadurch, dass sie sich ihm und seiner göttlichen Leitung völlig aufgeschlossen haben, wirklich ganz und gar in dieses Reich eingegangen sind; sie sind jetzt wunderbar anschauliche Beispiele für die Wirkungen jener großen und wichtigen Wahrheit. Es sind Menschen, deren Leben nicht bloß im Allgemeinen, sondern buchstäblich in allen Einzelheiten von dieser Wahrheit geleitet wird. Sie leben wirklich in der Erkenntnis ihrer Einheit mit der unendlichen Macht, sie leben beständig in Harmonie mit ihr, und so leben sie auch beständig im Himmelreich. Sie haben Überfluss an allem und niemals Mangel; das Angebot ist immer gleich ihrer Nachfrage. Es mangelt ihnen auch niemals an der Klarheit darüber, was sie zu tun haben und wie es getan werden muss. Ihr Leben ist wirklich sorgenlos, denn sie leben in der Überzeugung, dass die höheren Kräfte sie leiten und sie darum von jeder Verantwortlichkeit befreit sind. Wenn ich auf Einzelheiten aus ihrem Leben eingehen wollte, besonders bei zwei oder drei Menschen, an die ich eben denke, so könnte ich Tatsachen mitteilen, die ohne Zweifel vielen wunderbar und unglaublich erschienen. Aber wir müssen eingedenk bleiben, dass, was in einem Leben möglich war, in allen möglich sein muss. Das Leben jener Menschen ist in Wirklichkeit das natürliche und normale Leben, das früher oder später für jeden das gewöhnliche sein wird, der zur Erkenntnis jener höheren Gesetze kommt und in Harmonie mit ihnen lebt. Es besteht einfach darin, in den Zug der göttlichen Wirkungskette hineinzukommen, die durch das ganze Weltall geht. Wenn wir einmal darin sind, dann ist unser Leben kein mühseliges Sich-Plagen mehr, sondern es verläuft dann, wie Ebbe und Flut verlaufen, wie die Planeten in ihren Bahnen wandeln, wie die Jahreszeiten kommen und gehen.

Alle Reibungen, Ungewissheiten, Übel, Leiden, Ängste, Sorgen und Verwirrungen des Lebens treffen uns bloß deshalb, weil wir nicht in Harmonie mit der göttlichen Ordnung der Dinge sind, und solange wir so leben, werden sie auch nicht aufhören. Gegen die Strömung zu rudern ist schwer und unsicher. Mit dem Strom zu fahren und so das Wirken einer großen Naturkraft für sich zu benutzen ist leicht und sicher. Zur bewussten und lebendigen Erkenntnis unserer Einheit mit dem unendlichen Leben und der unendlichen Macht gelangen, das heißt in den Zug der göttlichen Wirkungskette hineinkommen. Wenn wir so zur Harmonie mit dem Unendlichen gelangen, so bringt uns das wieder in Harmonie mit allem, was um uns ist, in

Harmonie mit dem Leben der Himmel, in Harmonie mit dem Unendlichen. Vor allem aber bringt es uns in Harmonie mit uns selbst, sodass Leib, Seele und Geist vollkommen übereinstimmen – und wenn das erreicht ist, dann wird das Leben erst ein volles Ganzes.

Dann bezwingt und beherrscht uns auch das Leben der Sinne nicht mehr. Der Leib ist dann dem Verstand untergeordnet und wird von ihm gelenkt; und dieser ist wiederum dem Geistigen untergeordnet und wird beständig von ihm erleuchtet. Das Leben ist dann nicht mehr das armselige einseitige Ding, das es bei so vielen ist, sondern wir treten in ein dreifaches völlig abgerundetes Leben mit all seiner Schönheit und seiner immer wachsenden Freude und Stärke. So erkennen wir dann auch, dass der mittlere Weg die große Lösung der Lebensfragen bringt: nicht Askese und nicht Üppigkeit. Alles ist unser, aber wir müssen alles weise gebrauchen, damit unsere Freude vollkommen werde.

Wenn wir in dieser höheren Erkenntnis leben, so wird das Sinnliche nicht verachtet, sondern vervollkommnet. Da der Leib weniger grob und schwerfällig und dafür feiner in Gewebe und Gestalt wird, werden auch alle Sinne feiner, sodass wir Kräfte entwickeln, von denen wir jetzt noch gar nicht wissen, dass wir sie haben. So kommen wir auf völlig natürlichem und normalem Wege in das Reich des Überbewussten, und dadurch machen wir es möglich, dass uns höhere Gesetze und Wahrheiten offenbar werden. Wenn wir in dieses Reich eintreten, so gehören wir nicht mehr zu denen, die ihre Zeit mit Grübeleien darüber zubringen, ob dieser oder jener die Einsichten und Kräfte wirklich besessen hat, die man ihm zuschreibt, sondern wir sind imstande, alles selbst zu wissen. Auch gehören wir nicht mehr zu denen, die andere auf Hörensagen hin belehren, sondern wir wissen, wovon wir reden, und sprechen wie einer, der Vollmacht hat. Es gibt viele Dinge, die wir so lange gar nicht wissen können, bis wir das rechte Leben leben: Dann aber bringen wir uns in den Zustand, in dem es möglich wird, dass sie uns offenbar werden. »So jemand will seinen Willen tun, der wird innewerden, ob diese Lehre von Gott sei« (Joh. 7, 17). Plotin hat gesagt: »Der Geist, der Gott erkennen will, muss selbst Gott werden.« Wenn wir es so möglich machen, dass die höheren Gesetze und Wahrheiten uns offenbar werden, dann werden wir Erleuchtete, durch die sie auch anderen offenbar werden können.

Wer die Möglichkeiten voll erkennt, die mit diesem Erwachen verbunden sind, der bringt allen, mit denen er in Berührung kommt, eine Offenbarung, die in ihnen ähnliche Kräfte auslöst, wie sie in ihm selbst leben. Wir senden immer die gleichen Einflüsse aus, die in uns selbst am Werke sind. Wir tun das ganz so, wie jede Blume ihren besonderen Geruch aussendet. Die Rose haucht ihren Duft in die Lüfte, und wer in die Nähe kommt, ist erfrischt und belebt von diesem Ausströmen der Seele der Rose. Auch ein giftiges Kraut sendet seine schädlichen Düfte aus, aber es ist weder erfrischend noch belebend, und wer lange in seiner Nähe verweilt, der kann so schädliche Wirkungen davon verspüren, dass er krank wird.

Je höher ein Leben ist, desto höher sind die Erleuchtungen und heilsamen Wirkungen, die beständig von ihm ausgehen; je niederer es ist, desto schädlicher ist der Einfluss, den es beständig auf alle ausübt, die mit ihm in Berührung kommen. Jeder Mensch strahlt eine Atmosphäre guter oder schlechter Art aus.

Seeleute, die im Indischen Ozean fahren, erzählen, dass sie manchmal imstande sind, die Nähe gewisser Inseln zu erkennen, lange ehe man sie sieht, und zwar durch den süßen Duft des Sandelholzes, der weit übers Meer geweht wird. Erkennst du nicht, wie viel es wert wäre, eine solche Seele in einem solchen Körper zu haben, dass überall, wo du hinkommst, eine geheime stille Kraft von dir ausgeht, deren Wirkungen alle fühlen? Dann wirst du überall, wo du bist, Erleuchtung spenden und Segen ausströmen, und deine Freunde und alle Menschen werden sagen: Sein Kommen bringt Frieden und Freude in unser Haus, er sei willkommen! Wenn du über die Straße gehst, so werden müde und matte und sogar sündenbeladene Menschen eine gewisse göttliche Berührung fühlen, die in ihnen neue Bedürfnisse und ein neues Leben weckt. Sogar das Pferd, an dem du vorbeigehst, wird mit einem seltsamen, halb menschlichen sehnsüchtigen Blick seinen Kopf nach dir drehen. Solche feinen Kräfte erlangt die menschliche Seele, wenn sie sich für das Göttliche durchscheinend macht. Zu wissen, dass ein solches Leben jetzt und hier innerhalb der Grenzen unserer Möglichkeiten ist, das ist genug, um uns von Freude überströmen zu lassen. Und wenn wir erst dieses Leben wirklich beginnen, dann wird uns zumute sein, wie es in dem Lied heißt:

> Ich leb in der Zeit schon ewig,
> Seh alles im göttlichen Schein,
> Ich esse vom Himmelsmanna
> Und trinke vom Himmelswein.
>
> In des Regenbogens Farben,
> Purpurn und golden und blau,
> In seinem strahlenden Glanze
> Die Liebe des Vaters ich schau.

Wenn wir zur vollen, bewussten Erkenntnis unserer Einheit mit dem unendlichen Leben und der unendlichen Macht gelangen, dann folgt alles andere von selbst: solcher Glanz, solche Schönheit, solche Freude, wie nur ein mit dem Unendlichen vereintes Leben sie empfinden kann. So erlangen wir die reichsten Schätze des Himmels, während wir noch auf der Erde wandeln.

So kommt der Himmel auf die Erde hernieder – oder besser, die Erde wird zum Himmel erhoben. So vertauschen wir Schwäche mit Kraft, Sorgen mit Freude, Furcht mit Glauben, Sehnsucht mit Erfüllung, so erreichen wir Fülle des Friedens, der Kraft und des Reichtums. So kommen wir in Harmonie mit dem Unendlichen.

Über Ralph Waldo Trine
von Felix Salentin

Der erste Schritt zum Glück ist der Entschluss, glücklich sein zu wollen.
Ralph Waldo Trine

Ralph Waldo Trine, geboren am 9. September 1866 in Mount Morris im Norden Illinois, USA, war Philosoph, Mystiker, Lehrer und Autor zahlreicher erfolgreicher religiöser Bücher.

Trine studierte Geschichte und Politik an der Universität von Wisconsin und später an der John-Hopkins-Universität in Baltimore. Besonders interessierten ihn soziale und volkswirtschaftliche Fragen – während seines Studiums gewann er einmal mit einem Aufsatz über die ›Auswirkung der Erziehung auf die Verhinderung der Kriminalität‹ einen Preis von hundert Dollar.

Nach dem Hochschulabschluss arbeitete Trine als Journalist für den *Boston Daily Evening Transcript.* Zu dieser Zeit errichtete er eigenhändig am Rande eines Kiefernwaldes eine kleine Hütte – ein Zeugnis seiner einfachen und friedvollen Natur –, in die er etwas später seine Braut führte, Grace Hyde Trine. Sie konnte, und das war in der damaligen Zeit für eine Frau noch ungewöhnlich, ebenfalls einen Universitätsabschluss vorweisen; sie wurde in den nächsten Jahren eine anerkannte Schriftstellerin und Dichterin. Aus der Ehe ging ein Sohn hervor, Robert.

Die Familie siedelte für einige Jahre in Mount Airy, im Staat New York, wo Ralph Waldo Trine an einigen metaphysischen Seminaren teilnahm, deren Themen ihn tief beschäftigten: Gibt es einen Gott? Wozu existiert das Universum und wie ist es entstanden? Besitzt der Mensch eine unsterbliche Seele? Wozu leben wir? Was ist der Unterschied zwischen Geist und Materie?

Als Trine 1897 das Buch *In Harmonie mit dem Unendlichen* veröffentlichte, entwickelte es sich zu einer Art ›Untergrund-Bestseller‹, der die Zeiten überdauert hat – das Buch erregte nie großes Aufsehen, verkaufte sich aber gut und stetig; bis heute sind weltweit mehrere Millionen Exemplare in die Hände von Lesern gelangt, die nach Antworten auf transzendente Fragen suchen.

Trine wurde stark inspiriert von dem schottischen Geistlichen Henry Drummond (1851–1897) und dessen Werk *The Greatest Thing in the World* sowie von der Transzendentalen Philosophie Ralph Waldo Emersons (1803–1882) und stand der 1894 in den USA gegründeten pantheistischen Neugeistbewegung *(New Thought Movement)* sehr nahe. Deren spirituelle Konzepte lassen sich in folgenden Punkten zusammenfassen:

1. Das (bildhafte) Denken ist eine schöpferische Macht, mit dem steten Drang nach Verwirklichung und Materialisierung. Durch kraftvolles Denken lassen sich die irdischen Verhältnisse nachhaltig ändern, da die materielle (irdische) Existenzebene aus geistigen Quellen gespeist wird. Eine Veränderung der geistigen Ursachen zieht demnach zwangsläufig eine gleichartige Veränderung der irdischen ›Tatsachen‹ nach sich.
2. Alles und jeder ist mit allem und jedem im Kosmos auf geistigem Wege verbunden.
3. Positive Ursachen bedingen positive Wirkungen, negative Impulse verursachen Negatives. Nur wer im guten, helfenden Sinne wirkt, befindet sich in Übereinstimmung mit dem Willen des Kosmos, seine

Kräfte werden potenziert und wirken bereichernd auf ihn zurück.
4. Armut, Krankheit und Leid sind Ausdruck mangelbehafteten Bewusstseins. Durch eine grundsätzliche Veränderung des Denkens und Glaubens ändern sich zwangsläufig auch die Lebensverhältnisse.
5. Der Mensch ist demnach, was er denkt und glaubt. Ein Wandel im Denken und Glauben bewirkt somit auch einen Wandel der äußeren Umstände.

Die Neugeistlehre zog in den USA weite Kreise und verbreitete sich auch schnell in Europa und anderen Teilen der westlichen Welt, einschließlich Japan (Masaharu Taniguchi und die Seichô-no-Ie-Bewegung). Das *New Thought Movement* hatte eine immense Ausstrahlung auf die *New Age*-Bewegung der 1980er-Jahre und beeinflusste viele Modeströmungen innerhalb der esoterischen Szene. Dennoch grenzen sich die neugeistigen Bewegungen deutlich vom eklektischen Esoterikmarkt ab.

Schon zu Lebzeiten übte Trine mit seinen Werken einen großen Einfluss auf seine Zeitgenossen aus; so unterschiedliche Persönlichkeiten wie Queen Victoria, der Hollywood-Filmstar Janet Gaynor, Ernest Holmes, Gründer der Religiösen Wissenschaft, oder Henry Ford haben die Wichtigkeit des Buches betont.

Interessant ist, dass Henry Ford seinen Erfolg auf die Lektüre von *In Harmonie mit dem Unendlichen* zurückführte. Nachdem Ford es gelesen hatte, kaufte er das Buch stapelweise und verschenkte es an Personen, die ihm einsichtig genug erschienen, die elementare Wahrheit, die Trine in so ungewöhnlich klaren Worten wiedergab, zu verstehen. Ford und Trine haben sich Jahre später persönlich kennengelernt und 1929 zusammen den Band *The Power that wins* veröffentlicht, ein Gespräch zwischen den beiden über das Leben und die inneren Kräfte in uns, die zum Erfolg führen.

Trine veröffentlichte mehr als ein Dutzend Bücher, er schrieb noch, als er die siebzig längst überschritten hatte. Seine letzten Jahre verbrachte er in Kalifornien, wo er sich zusammen mit seiner Frau auf einer kleinen Obstfarm zur Ruhe setzte. Dort starb er friedlich im stolzen Alter von einundneunzig Jahren – am 22. Februar 1958.

Es finden sich nur wenige persönliche Zeugnisse über Ralph Waldo Trine, was sicherlich mit seiner bescheidenen Persönlichkeit und zurückgezogenen Lebensweise zu erklären ist. Adolf Spemann, Inhaber des Engelhorn-Verlages und Trines erster deutscher Verleger, schildert den Amerikaner in seinen Erinnerungen:

»Nachdem ich mich zunächst einmal gründlich mit den einzelnen Gruppen unseres Verlages befasst hatte, begann mich die Reihe der ›Lebensbücher‹ zu fesseln, die überaus erfolgreich mit dem im Jahr 1904 erschienenen Buch *In Harmonie mit dem Unendlichen* von Ralph Waldo Trine begonnen worden war. *In Tune with the Infinite,* wie der Titel des amerikanischen Originals lautete, war von dem früheren Pfarrer Dr. Max Christlieb hervorragend übersetzt und mit einer klugen Einleitung versehen worden, die auf die geistige Verwandtschaft des Verfassers mit dem Deutschen Fichte in seiner jüngeren Periode aufmerksam machte; infolge seiner umfassenden Bildung war der Übersetzer auch in der Lage, manche von Trine herangezogenen Stellen englischer und amerikanischer Autoren durch Zitate aus Goethe zu ersetzen, ohne dass die Linie des Originals dadurch im Geringsten verwischt wurde.

Es ist mit Trine eine merkwürdige Sache: Ich habe seinen Namen in keinem amerikanischen Nachschlagewerk finden können, das mir bei der Aufstellung meiner Zeittafel der Weltliteratur zugänglich war; durch alle Jahrzehnte hindurch bekam unser Verlag fast täglich Bestellungen unmittelbar aus dem Publikum, aus denen hervorging, dass Trines Bücher vom deutschen Ladenbuchhandel so gut wie nicht geführt wurden; aus der Art der Bestellungen des Buchhandels selbst war stets zu entnehmen, dass sie nichts als weitergegebene Publikumsbestellungen waren – und trotzdem wurden Jahr für Jahr ohne die geringste gewaltsame Werbung unseres Verlags Tausende von Exemplaren verkauft. Hunderttausenden hat dieses ewigjunge idealistische Buch neue Kraft gegeben. Erschütternd kam dies in manchem Brief aus der Ostzone oder aus Gefängnissen zum Ausdruck.

Die Ursache dieser Wirkung wurde mir im Laufe der fast fünfzig Jahre währenden Geschäftsverbindung mit Trine klar: Dieser Mann war, wie er schrieb – er lebte seine Lehre vor. Man muss alt werden, um zu wissen, wie selten dies ist, und gerade als Verleger erfreut man sich eines gründlichen Anschauungsunterrichts auf diesem Gebiet. Nie ist in all den Jahren welterschütternder Ereignisse auch nur die geringste Verstimmung zwischen diesem gütigen Weisen und uns eingetreten. Im Gegenteil, sowohl nach dem Ersten als auch nach dem Zweiten Weltkrieg war dieser Amerikaner der Erste, der uns sofort die Hand hinstreckte. Kaum war die jahrelang unterbrochene Postverbindung mit dem Ausland wieder hergestellt, so erhielt ich zu meiner größten Überraschung ein Liebesgabenpaket für meine Mitarbeiter und auch später hatte ich Gelegenheit, die nicht einen Augenblick versagende Güte und Treue dieses Mannes erleben zu dürfen.

Im Dezember 1913 besuchte uns der damals in der besten Manneskraft stehende Trine in Stuttgart; mit seiner vielleicht echt amerikanischen Mischung von großer natürlicher Kindlichkeit, männlicher Güte und zielstrebiger Geschäftsklugheit hinterließ er mir einen starken Eindruck. Ich habe stets mehr auf den Nachgeschmack als auf den ersten Eindruck gegeben; dieser letztere konnte außerdem naturgemäß nur kurz sein. Aber die unbeirrbare Geradlinigkeit dieses edlen Charakters hob sich von Jahrzehnt zu Jahrzehnt leuchtender von der Erbärmlichkeit unserer Mikrobenwelt ab. Bis in die letzte Zeit, wo Trine sich dem 85. Lebensjahr näherte, strömten seine stets mit der gleichen reizenden Handschrift geschriebenen Briefe die alte Wärme aus, die jeden aufgeschlossenen Leser seiner Bücher beglückt.«

Quellen u. a.:
Adolf Spemann: *Menschen und Werke* (Winkler Verlag, München 1959)
www.Wikipedia.de, die freie Enzyklopädie in Internet